Fred Metzler

Mein Topf ist Eintopf

HÄDECKE

Fotos: Edith Gerlach und Hädecke-Archiv – Gestaltung: Hädecke
Satz: IBV Satz- und Datentechnik GmbH, Berlin
Druck: Neue Stalling, Oldenburg – Printed in Germany 1995

ISBN 3-7750-0268-5

Inhalt

Vorwort

Der Eintopf, verehrte Leserin, lieber Leser, ist vor allem eine gesellige Mahlzeit, denn einen Eintopf kann man nicht für sich allein oder nur für zwei Personen zubereiten. Vier ›hungrige Mäuler‹ sollten sich wenigstens um die Terrine scharen – und dann bleibt meistens noch etwas übrig (und schmeckt oft, aufgewärmt am nächsten Tag, noch ein bißchen besser). Wenn Sie also solo sind und eines der Rezepte nachkochen wollen, machen Sie ein kleines Fest daraus, laden Sie sich nette Leute ein und entscheiden Sie selbst, was wozu getrunken wird: ein kräftiges Bier zu Schwein, Rind und Gemüse, einen weißen oder roten Wein zu den Geflügel-, Wild- oder Fischeintöpfen. Im Prinzip sind die Mengenangaben für vier Personen gedacht, aber das ist durchaus variabel. Ich war bemüht, die Rezepte so original wie möglich wiederzugeben. Wo das nicht möglich war – um Sie nicht zu entmutigen bei dem Gedanken, daß diese oder jene Zutat in unseren Breitengraden kaum oder gar nicht erhältlich sein wird –, werden die ›Ersatz-Ingredienzen‹ dem Geschmack keinen Abbruch tun.

Das Bestreben dieses Buches ist es, dem Eintopf den Vergangenheitsruch des ›Großdeutschen Samstagsessens‹ zu nehmen. Ein mit Liebe und Sachkenntnis zubereiteter Eintopf kann durchaus eine Delikatesse sein, auch im Sinne Brillat-Savarins und Escoffiers. Sie werden feststellen, wie viele Rezepte es gerade in Frankreich, dem Land der ›kritischen Zungen‹, gibt.

Fazit: Der Eintopf ist viel besser, als sein Ruf – diesseits und jenseits unserer Grenzen.

Autor und Verlag wünschen gutes Gelingen!

Stuttgart, im Herbst 1995

Deutschland

Natürlich beginnen wir unsere »Eintopfweltreise« im eigenen Land, nicht zuletzt, um der deutschen Küche die ihr lange vorenthaltene und gebührende Reverenz zu erweisen. Denn unser Land hält eine Überfülle köstlicher Zutaten bereit, eine ganze Palette »Schmankerl«, die schon unsere Altvorderen labten, und deren wir uns heute wieder so gern erinnern.

Graupeneintopf »bürgerlich«

- 500 g Rindfleisch (Brustkern oder hohe Rippe)
- Salzwasser, 200 g Graupen
- 500 g Kartoffeln, 3 Möhren
- 1 Stange Lauch, 1 Selleriekopf
- 3 EL gehacktes Selleriegrün oder Maggikraut
- Salz, Pfeffer
- 1 EL Streuwürze, 1 EL gekörnte Brühe
- 1 Spritzer Worcestershiresauce
- 1/8 l süße Sahne
- 2 EL gehackte Petersilie

Das Rindfleisch kochen Sie in Salzwasser weich, nehmen es aus dem Topf und schneiden es in nicht zu große Würfel. Sie überbrühen die Graupen mit kochendem Wasser, schneiden die Kartoffeln in Würfel, die Möhren in Scheiben, den Lauch in Ringe und den Selleriekopf stifteln Sie. Nun geben Sie die abgegossenen Graupen, die Gemüse und alle Gewürze, einschließlich Worcestershiresauce in die Brühe und kochen alles in 2 Stunden unter oftmaligem Umrühren weich. Kurz vor Ende der Garzeit geben Sie das Fleisch zum Erhitzen in den Topf und ziehen die Sahne unter.
Der Graupentopf wird mit gehackter Petersilie bestreut und mit frischem Bauernbrot serviert.

Berliner Bäckchen und Rübchen

- 1 kg Teltower Rübchen (kleine Speiserüben)
- 50 g Butter, 1 EL Zucker
- 2 Tassen Salzwasser
- 750 g Schweinebacken
- 1 1/4 l Salzwasser
- 750 g Kartoffeln
- 1 EL Mehl
- 2 EL gehackte Petersilie

Die Rübchen gründlich schaben, waschen und 5 Minuten in Salzwasser blanchieren. Dann in die zerlassene, mit Zucker gebräunte Butter legen und unter Rütteln abschmälzen. Die Rübchen nun mit 2 Tassen leicht gesalzenem Wasser aufgießen und 30–40 Minuten dünsten.
Währenddessen die Schweinebacken in kaltem, gesalzenem Wasser aufsetzen, ca. 1/2 Stunde kochen, dann die gewürfelten Kartoffeln dazugeben und nochmals 20 Minuten weiterkochen. Nun geben Sie die Rübchen dazu, gehen kurz mit der Pfeffermühle drüber und rühren etwas Mehl unter. In der Terrine mit der gehackten Petersilie garnieren.

Wirsing mit Bällchen

500 g Schweinebraten
2 Zwiebeln
2 EL Schweineschmalz
500 g Kartoffeln
1 Kopf Wirsing (ca. 500 g)
2 Lorbeerblätter
5 Pfefferkörner
Salz, wer mag, Kümmel
1/2 l Fleischbrühe oder Würfelbrühe
200 g durchwachsener Speck am Stück
250 g gemischtes Hackfleisch
1 kleine Zwiebel
1 kleines Ei, Semmelbrösel
1 Schuß Tomatenketchup
Salz, frisch gemahlener Pfeffer
1 Prise gemahlener Kümmel

Den Schweinebraten schneiden Sie in mundgerechte Würfel, und die Zwiebeln hacken Sie grob. Im heißen Schweineschmalz braten Sie zuerst das Fleisch und dann die Zwiebeln kräftig an, geben den Deckel auf den Topf und lassen beides ungefähr 15 Minuten vor sich hin brutzeln. Die Kartoffeln werden gewürfelt, vom Wirsing alle schlechten Blätter und der Strunk entfernt und in Streifen geschnitten. Das Gemüse kommt mit den Gewürzen und der Brühe zum Fleisch und darf nun gemütlich 1/2 Stunde kochen. Danach wird der Speck obenauf gelegt, um sich zu erwärmen. Achten Sie darauf, daß Ihnen Ihr Metzger/Fleischer einen gut geräucherten, aber nicht zu salzigen Speck verkauft!

In der Zwischenzeit sind auch die Hackfleischbällchen bereitet: Das Hackfleisch wird mit der sehr klein gehackten Zwiebel, dem Ei, den Semmelbröseln und den Gewürzen verknetet und abgeschmeckt. Mit nassen Händen werden kleine Bällchen geformt, die dann auf den Eintopf gelegt werden, wo sie etwa 20 Minuten durchziehen sollen.

Zu diesem Eintopf sollte ein gut gekühlter »Klarer« in Reichweite stehen.

Pommer'sches Gänseklein aus einem Topf

Das »Klein« von einer großen Gans
1 »Gewürzdosis« (wie man es damals nannte,
bestehend aus 6 weißen Pfefferkörnern,
2 Pimentkörnern, 1 Nelke, 1/4 Lorbeerblatt)
1 mittlere Zwiebel
1 Bund Suppengrün
1 kräftige Prise Salz
1/4 l Wasser
750 g geschälte, rohe Kartoffeln
1 TL Mehl
1 Klacks Butter
1 EL Sahne
1 Prise weißer Pfeffer
1 EL Petersilie

Das gereinigte und in Stücke gehackte Gänseklein wird mit der Gewürzdosis, der Zwiebel und dem Suppengrün im Salzwasser weichgekocht (ca. 1 1/2 Stunden). Geben Sie nach 1 Stunde die gewürfelten Kartoffeln dazu und lassen Sie sie verkochen. Bereiten Sie nun in einer Pfanne eine ganz normale Mehlschwitze, verrühren Sie sie mit etwas Bouillon sämig und geben Sie die in den Topf. Zum Schluß noch den Eßlöffel Sahne, die Prise Pfeffer und die gewiegte Petersilie sanft unterziehen.

Steckrübeneintopf »Nicht ganz ohne«

Eine Hamburger Nachkriegserinnerung

1 kg Kartoffeln
1 kg Steckrüben (überreden Sie Ihre Gemüsefrau!)
2 Zwiebel
750 g Schweinebauch
1 TL Salz, 1 Prise schwarzer Pfeffer
1/2 TL Thymian
1 l Fleischbrühe

Kartoffeln, Zwiebeln und Steckrüben mundgerecht zerkleinern; den Schweinebauch mit Salz und Pfeffer einreiben, alles in eine Kasserolle geben, mit Thymian überstreuen und mit der Fleischbrühe auffüllen. Mit einem Deckel fest verschlossen ist das Gericht in ca. 2 Stunden bei mäßiger Hitze gar.

Dieses Rezept hat noch eine leckere Variante. Reduzieren Sie die Kartoffelmenge zugunsten von 250 g Möhren und nehmen Sie statt Schweinebauch Schweinenacken. Um den Topf noch üppiger zu machen, bieten sich in Scheiben geschnittene Kochwürstchen an und das fertige Gericht freut sich über ein Petersilienhäubchen.

Lüneburger Heide-Topf

1 kg feinstes Lammfleisch
je 500 g frische grüne Bohnen und Kartoffeln
4 Scheiben Räucherspeck (ca. 80 g)
1 Zwiebel
Salz und schwarzer Pfeffer
1/4 l Weißwein, 1/4 l Brühe
Bohnenkraut

Das Lammfleisch in mundgerechte Würfel, Bohnen und Kartoffeln in Stücke schneiden. Speck und Zwiebel gleich fein hacken. Nun legen Sie in Ihren »Eintopf-Topf« (die sorgsame Hausfrau hat einen speziellen!) zuunterst eine Lage Bohnen, schichten Kartoffeln darüber und würzen das Ganze leicht. Dann das vorgewürzte Fleisch, Speck und Zwiebeln darüber – und nochmal Bohnen und Kartoffeln darauf. An Wein und Brühe sollten Sie soviel zugießen, daß die Bohnen leicht bedeckt sind. Zur Krönung kommt das Bohnenkraut obenauf, und nun kann man den Lüneburger Heide-Topf bei mittlerer Hitze ca. 1 Stunde garen lassen.
Als Farbeffekt kann man kurz vor Beendigung der Garzeit enthäutete, kleine Tomatenstückchen dazugeben. Dem Anfänger am Herd sei noch gesagt, daß das Bohnenkraut vor dem Anrichten tunlichst entfernt wird.

Aaltopf für Landratten

Ein Aal von ca. 1 kg, Salz
Saft einer halben Zitrone
1 kg Kartoffeln
1 Bund Suppengrün, 1 Zwiebel
5 Pimentkörner, 1 Lorbeerblatt
1 l Fleischbrühe, 1 Schuß Kräuteressig
1 TL scharfer Senf, 1 Bund Petersilie
1 EL Butter

Ein netter Fischhändler wird Ihnen den Aal ausnehmen, putzen und enthäuten; Sie müssen den Aal dann in Stücke schneiden, leicht salzen, mit Zitronensaft beträufeln und einstweilen stehen lassen.
Die geschälten, gewürfelten Kartoffeln, das geputzte und zerkleinerte Suppengrün, die in Scheiben geschnittene Zwiebel, Pimentkörner und das Lorbeerblatt in der Brühe 10 Minuten kochen lassen. Jetzt erst die Aalstücke einlegen und das Ganze gut 20 Minuten ziehen lassen. Mit Essig und Senf würzen, die gehackte Petersilie und die braun ausgelassene Butter darübergeben.

Bremer Muscheltopf

2 kg frische Miesmuscheln
1 EL Speiseöl, 2 Zwiebeln
1 Knoblauchzehe, 1/4 l Weißwein
1 1/2 l Flüssigkeit (Muschelsud und entsprechende Menge Wasser)
100 g durchwachsener Speck
5 Möhren, 1 Stück Sellerie, 1 Stange Lauch
2 mittelgroße Kartoffeln
1 Gläschen trockener Sherry
schwarzer Pfeffer aus der Mühle
eine Handvoll Petersilie, Dill und Kerbel

Die Muscheln, wie gewohnt, gründlich waschen und bürsten. Im Topf Öl erhitzen, Zwiebeln und Knoblauchzehe (kleingehackt) hinzufügen, anschwitzen lassen, die Muscheln darüberlegen, mit dem Weißwein und der entsprechenden Menge Wasser ablöschen und zugedeckt ca. 10 Minuten kochen lassen (bis alle Schalen geöffnet sind*). Dann die Muscheln mit einem Schöpflöffel herausnehmen und das aus der Schale entnommene Fleisch beiseite stellen. Mittlerweile den gewürfelten Speck auslassen und mit dem in Streifen geschnittenen Gemüse in den Topf geben, mit Wasser auffüllen, salzen und ca. 20 Minuten kochen lassen. Zum Schluß die Muscheln einlegen, nochmals kurz erhitzen, den Sherry hinzufügen und mit frisch gemahlenem schwarzem Peffer würzen. Vor dem Servieren die kleingehackten Kräuter darüberstreuen.

* Muscheln, deren Schalen sich nicht öffnen, sind ungenießbar!

Westfalens Nationalgericht: Pfefferpotthast

500 g Rinderbrust, 8 Zwiebeln
1 Gewürzsäckchen mit 8 Pfefferkörnern, 3 Pimentkörnern, 1 Gewürznelke, 1 Lorbeerblatt und 2 Zitronenscheiben
1/2 l Wasser, 1 TL Salz
Zwieback nach Bedarf

Das Fleisch mundgerecht schneiden, die Zwiebeln zerkleinern und alles, samt Gewürzsäckchen ins Salzwasser geben und ca. 2 Stunden kochen. Wenn's Ihnen zu dünnflüssig erscheint, zerstoßen Sie 1 oder 2 Stücke Zwieback ganz fein und lassen sie einmal gut mit durchkochen.
Man gibt den Pfefferpotthast über möglichst kleine, geschälte Pellkartoffeln; so ist er also eher ein Zwei- als ein Eintopf. Trotzdem sollte er hier nicht fehlen.

Zu diesem berühmten Westfälischen Topf ißt man unbedingt kleine Gewürzgürkchen und einen kräftigen Rote-Bete-Salat.

◁ Bremer Muscheltopf

Nachlese oder Blindhuhn – eine westfälische Spezialität

250 g weiße Bohnen
250 g Bauchspeck
500 g grüne Bohnen (frisch oder tiefgefroren)
250 g Möhren
500 g mehlige Kartoffeln
2 saure Äpfel, 1 schöne große Birne
2 Zwiebeln, 40 g Butter
weißer Pfeffer, 1 Bund Petersilie

Die am Vorabend eingeweichten weißen Bohnen mit dem ganzen Bauchspeck im Einweichwasser kochen – ca. 45 Minuten. Grüne Bohnen, Möhren und Kartoffeln kleinschneiden (tiefgefrorene Bohnen haben das richtige Format), dazugeben und 1/2 Stunde schwach kochen lassen. Äpfel und Birnen schälen, in Scheiben schneiden, in den Topf hineingeben und ca. 10 Minuten mitkochen lassen. Den fertigen Bauchspeck in Scheiben schneiden, ebenfalls die Zwiebeln und diese dann in Butter goldbraun anrösten, beides wieder zurückgeben, mit Salz und Pfeffer abschmecken und mit der kleingehackten Petersilie überstreuen.

Himmel und Erde oder »Rheinischer Frohsinn«

Je 1 kg Kartoffeln und Äpfel
(nehmen Sie möglichst Boskop)
1 Prise Zimt
Salz und Zucker nach Geschmack
250 g Zwiebeln, 2 EL Öl
500 g einfache Blutwurst

Schälen Sie Kartoffeln und Äpfel und schneiden Sie alles in kleine Stücke. Die Kartoffeln in relativ wenig Wasser »ankochen« und dann erst die Äpfel dazugeben, mit Zimt, Salz und Zucker würzen und bei leichter Hitze garen. Diese Mischung nun mit dem altehrwürdigen Kartoffelstampfer zerdrücken, so daß sie noch ein bißchen »Konsistenz« hat. Dann schnell die in Ringe geschnittenen Zwiebeln in dem Öl bräunen, an den Rand der Pfanne schieben und nun die Blutwurstscheiben von beiden Seiten kroß braten – und beides auf dem »Himmel« anrichten.

Tante Käthchens Koblenzer »Deppekoche«

21/2 kg rohe Kartoffeln, 6 Brötchen
Milch zum Einweichen, 2 große Zwiebeln
300 g Dörrfleisch, 4 Eier
Salz, Pfeffer, Muskat
Öl zum Braten,Butter, 1/8 l Sahne

Die Kartoffeln schälen und »mitsamt Hautfetzchen« von Hand in eine Schüssel reiben (nur so schmeckt der Kartoffelkuchen »echt«!), dann entweder gründlich abseihen, oder in einem Leinentuch leicht ausdrücken und zurück in die Schüssel geben.
Die Brötchen in der Milch einweichen und zum Kartoffelteig geben, darüber die Zwiebeln reiben, das kleingeschnittene Dörrfleisch, die Eier und die Gewürze nach Geschmack hinzufügen (seien Sie sparsam mit Salz, weil das Dörrfleisch schon gesalzen ist).
Wenn der Teig mit der Hand gut vermengt ist, kommt er in einen leicht eingefetteten hohen Kochtopf und soll solange kochen, bis er glasig ist. Dabei muß laufend umgerührt werden, damit nichts anbrennt. Wäh-

renddessen läßt man Öl in einer runden, eisernen Kasserolle heiß werden, kippt den glasigen Teig hinein, gibt obenauf Butterflöckchen und die Sahne und schiebt alles in den Backofen. Zum Anfang bei 200–225 Grad (Gasherd Stufe 3–4), dann nach ca. 1/2 Stunde bei mittlerer Hitze wird der Kuchen nach 1 1/2 bis 2 Stunden rundherum eine schöne braune Kruste haben und dampfend heiß, in Tortenstückchen, mit einem Schälchen selbstgemachten Apfelkompott (oder auch frischem Salat) serviert.

Linseneintopf mit Rebhuhn

500 g Linsen, Wasser
1 Zwiebel, 1 kleine Sellerieknolle
1 schönes Rebhuhn, Salzwasser
2 EL Mehl, 50 g Butter
Salz und Pfeffer

Die am Vorabend eingeweichten Linsen werden mit kaltem Wasser aufgesetzt, eine halbe Stunde gekocht, dann abgegossen und mit frischem Wasser, der zerkleinerten Zwiebel und der gestiftelten Sellerieknolle weich gekocht.
Das Rebhuhn, geputzt und gewaschen, wird in einem anderen Topf in leicht gesalzenem Wasser gargekocht. Man gibt das Rebhuhn auf eine Platte zum Erkalten und entbeint es.
Das Mehl wird in der Butter leicht angeröstet, man gießt vorsichtig mit Rebhuhnbrühe auf, vergißt dabei das Rühren nicht und streicht die Linsen durch ein Sieb hinein. Alles gut durchrühren und noch 10 Minuten kochen lassen. Zum Schluß wird mit Salz und Pfeffer abgeschmeckt und das zerkleinerte Rebhuhnfleisch im Linsentopf noch einmal erwärmt.

Kartoffeleintopf nach alter Frankfurter Art

2 Zwiebeln, 3 Möhren
1/2 Sellerieknolle, 1 Stange Lauch
1 EL Schweineschmalz
120 g durchwachsener Speck
1 Lorbeerblatt, 5 Wacholderbeeren
Salz, Pfeffer
1 kg Kartoffeln
1 l Fleischbrühe (möglichst »echte«!)
4 Paar Frankfurter Würtschen
500 g Rauchfleisch
1/4 l frische Sahne
eine Handvoll geröstete Brotwürfel (croutons)
1 kleine Zwiebel, gewürfelt und braungebraten
2 EL Petersilie

Die Zwiebeln in grobe Würfel und die Möhren in Scheibchen schneiden. Die geschälte Sellerieknolle stifteln und den Lauch in feine Ringe schneiden.
Den gewürfelten Speck im Schmalz anbraten, das zerkleinerte Gemüse und die Gewürze andämpfen, die Kartoffeln in Scheiben schneiden und dazugeben, dann mit Fleischbrühe auffüllen, kochen lassen und nach etwa einer halben Stunde gut durchrühren. Schneiden Sie dann Frankfurter und Rauchfleisch in mundgerechte Stückchen, die Sie mitsamt der Sahne hinzugeben. Beim Anrichten die gerösteten Brotwürfel und Zwiebeln obendrauf legen und mit der frischen Petersilie überstreuen.

Mit diesem Gericht verwöhnte schon »Frau Aja« ihre Familie im Frankfurter Hirschgraben – allerdings ohne die heute gebräuchlichen Frankfurter Würstchen. Die gab's erst viel später; zu Goethes Zeiten nannte man sie Bratwürste, aber sie bestanden auch da schon aus allerfeinstem Schweinefleisch in zarten Häuten und wurden stundenlang kalt geräuchert.

Gaisburger Marsch »unsere Art«

750 g Rinderhaxe, 1 l Salzwasser
1 kleine Zwiebel, 2 Gewürznelken
1 Lorbeerblatt, Salz, schwarzer Pfeffer
2 Möhren, 1 kleine Sellerieknolle
2 Petersilienwurzeln, 1 Stange Lauch
500 g Kartoffeln
3 Tassen vorgekochte Spätzle
(siehe nebenstehendes Rezept)
1 EL Butter, 5 Zwiebeln
1 EL gehackte Petersilie

Die Rinderhaxe in kaltem Salzwasser ansetzen und aufkochen, dann eine mit Lorbeerblatt und Nelken gespickte Zwiebel, Salz und Pfeffer dazugeben und ca. 1 1/2 Stunden bis 2 Stunden zugedeckt kochen lassen. Inzwischen das Gemüse waschen, putzen und grob zerkleinern, die Kartoffeln schälen und würfeln. Wenn das Fleisch gar ist, nehmen Sie es aus der Brühe, schütten diese durch ein Sieb in einen anderen Topf, geben Gemüse und Kartoffeln hinein und garen sie eine halbe Stunde.
Lösen Sie das Fleisch vom Knochen und schneiden Sie es mundgerecht. Nun kommt der »Clou«: In einer Terrine schichten Sie abwechselnd Fleisch, Gemüse mit Kartoffeln und dann Spätzle – und übergießen mit der restlichen Brühe. Obendrauf kommen goldbraun gebratene Zwiebelringe und als Farbtupfer die gehackte Petersilie.

In einem der bezaubernden Schwabenbücher von Thaddäus Troll*, einem Prachtexemplar dieses Stammes, fanden wir eine höchst interessante Herkunftsbezeichnung für den Gaisburger Marsch: Vor dem ersten Weltkrieg hatten die Einjährigen, die mindestens sechs Klassen einer höheren Schule besucht haben mußten … in den Kasernen gewisse Vorrechte. So brauchten sie nicht in der Kantine zu essen, sondern durften in eine Wirtschaft gehen. Die Einjährigen der Stuttgarter Bergkaserne bevorzugten die Küche der Bäckerschmiede in Gaisburg, deren Spezialität dieser Eintopf war. Vor dem Essen formierten sie sich zum »Gaisburger Marsch«, eine Bezeichnung, die später auf ihr Lieblingsgericht übertragen worden ist…

Ein ganz feiner Linsentopf

500 g Linsen, Salz, 2 Zwiebeln
3 Möhren, 2 Petersilienwurzeln
50 g Butter, 40 g Mehl, 1 l Fleischbrühe
1 kleine Knoblauchzehe, Pfeffer
1 EL Apfelessig, Fleischklößchen

Die Linsen über Nacht in kaltem Wasser einweichen und in dem Einweichwasser, gesalzen, weichkochen. Die Zwiebeln feinhacken, Möhren und Petersilienwurzeln kleinschneiden, in Butter rösten, mit dem Mehl überstäuben und mit der Fleischbrühe auffüllen. Wenn das Ganze 2 bis 3 Minuten gekocht hat, geben Sie die abgesiebten Linsen dazu und würzen mit der zerdrückten Knoblauchzehe, etwas frischgemahlenem Pfeffer und dem Apfelessig. Jetzt 15–20 Minuten weiterköcheln lassen.

Für die Fleischklößchen bereiten Sie eine Masse aus:

250 g Schweinehack, 1 Ei
etwas Semmelbrösel, Salz, Majoran
Pfeffer und Muskat

Formen Sie mit der Hand kleine Klößchen und lassen Sie sie in siedendem Salzwasser ca. 10 Minuten garziehen – dann hinein in den fertigen Linsentopf.

* Quelle: Thaddäus Troll, Preisend mit viel schönen Reden. Hoffmann und Campe, 1972.

Gaisburger Marsch ▷

Schwäbischer Spätzleeintopf

500 g Querrippe, Petersilienwurzeln
1 kleine Sellerieknolle, 3 Stangen Lauch
250 g möglichst frische grüne Bohnen
250 g Möhren, Pfeffer, Salz
250 g Spätzle (wenn von Hand gemacht,
siehe besondere Anleitung)
2 Zwiebeln, 1 Bund Petersilie, 10 g Butter

Die Querrippe wird ca. 11/2 Stunden in Salzwasser gekocht und danach in Scheiben geschnitten. Das sorgfältig geputzte und kleingeschnittene Gemüse gart man in der Fleischbrühe (ca. 1/2 Stunde) und gibt dann die Spätzle dazu, die, wenn fertig gekauft, nach Anleitung vorgekocht sein müssen. Nun noch in heißer Butter Zwiebelringe goldbraun braten und mit der kleingehackten Petersilie über den Eintopf verteilen.

Spätzle (Damit uns die Schwaben »net an de Wage fahre« können, haben wir das Rezept aus der 26. (!) Auflage des neuen Stuttgarter Kochbuches der Friedr. Luise Löffler entnommen.):
Zu 1 Pfund (500 g) Mehl rechnet man 3 Eier, 1 TL Satz, 1 Glas Wasser und sollte der Teig noch zu fest sein, etwas Milch; der Teig wird 1/4 Stunde geklopft und muß so fest bleiben, daß, wenn ein Löffel voll auf einem schmalen Brettchen (Spatzenbrett – in jedem guten Haushaltswarengeschäft erhältlich) genommen wird, der Teig nicht von demselben abläuft, sondern mit dem Messer auseinander gestrichen werden kann. Mit einem Messer werden nun längliche, dünne Spätzlein in siedendes Salzwasser gelegt, ein paarmal aufgekocht, bis sie fest sind, mit dem Seiher herausfangen, in warmes Wasser gelegt und zum Ablauf wieder in einen Seiher geschüttet. Spätzle von gröberem Mehl sind schmackhafter als die von feinem.
Spatzenbrett und Messer sind zuvor in das kochende Wasser zu tauchen, damit der Teig nicht anhängt.

Fränkischer Kohlrabi-Eintopf mit »Nürnberger Krönung«

8 mittelgroße Kohlrabi
500 g Kartoffeln, 1 Zwiebel
50 g Butter, 1 EL Mehl
Salz, Pfeffer (schwarz), Muskatnuß
1 l Fleischbrühe
pro Person mindestens:
2 Paar Nürnberger Rostbratwürste

Kohlrabi und Kartoffeln schälen und in Stifte schneiden und das gutgewaschene Kohlrabigrün (nehmen Sie möglichst nur die feinen, kleinen Blättchen aus der Mitte zwischen den Stielen!) fein hacken.
Die Zwiebelwürfel in einer Kasserolle in der Butter glasig dünsten, Kohlrabi und Kartoffeln dazugeben, mit Mehl bestäuben, würzen, die Brühe zugießen und 20 bis 25 Minuten bei kleiner Hitze garen lassen. Erst ganz zum Schluß das Kohlrabigrün unterziehen und die inzwischen separat schön braun gebratenen Würstchen dekorativ, in Sternform, obenauflegen.

Ein Bauerntopf aus der Oberpfalz

200 g Rinderhaxenfleisch
200 g Kalbsschulter, 200 g Schweinekamm
4 geräucherte Bauernwürste
(wie sie Ihr Metzger anbietet)
50 g Rindermark, 500 g Kartoffeln
1/2 Kopf Weißkohl, 1 Stange Lauch
4 Petersilienwurzeln, 4 Möhren
1 kleine Sellerieknolle
je 1 TL Salz, schwarzer Pfeffer
Kümmel und Majoran
je 1 Bund Petersilie und Schnittlauch
11/2 l Fleischbrühe

Alles Fleisch würfeln, die Würste und das Rindermark in Scheiben schneiden, Kartoffeln und Gemüse (natürlich gewaschen und geputzt) zerkleinern. Nun legen Sie den Topf, wenn der Boden heiß geworden ist, mit der Hälfte der Markscheiben aus und verteilen Fleisch, Kartoffeln und Gemüse darüber, überstreuen alles mit den Gewürzen, gießen die Fleischbrühe darüber und legen das restliche Mark obenauf. Topf gut verschließen und ca. 1 Stunde garen lassen. Nach Geschmack kann man kurz vor dem Garende einen Schuß herben Pfälzer Wein dazugeben. Servieren Sie im Topf – und natürlich mit der obligatorischen Petersilie und dem Schnittlauch bestreut.

Landshuter Hochzeitstopf

1 EL Schweineschmalz
4 Scheiben Rauchspeck à 100 g
2 Zwiebeln, 500 g Möhren
1/2 Kopf Rotkraut
3 Stangen Lauch (Porree)
1 kleiner Selleriekopf
1 mittelgroßer Wirsingkopf
Pfeffer, Salz, 1 Zweig frisches Basilikum
1 l Fleischbrühe, 0,2 l Rotwein
4 große fertige Maultaschen

Den Rauchspeck im Schmalz anbraten, herausnehmen und beiseite legen. Im selben Fett alles zerkleinerte Gemüse anschwitzen, mit Pfeffer und Salz würzen, den Basilikumzweig und die Speckscheiben drauflegen, mit der Brühe auffüllen und zugedeckt ca. 1/2 Stunde köcheln lassen. Zum Schluß den Rotwein unterziehen und die Maultaschen zum zehnminütigen Erhitzen (nicht kochen) obenauflegen.

Pichelsteiner Topf

(wird auch Pickelsteiner oder Büchelsteiner genannt)

Je 250 g mageres Rind-, Schweine- und Hammelfleisch
500 g Kartoffeln
je 250 g Möhren, Sellerie, Lauch, Petersilienwurzel, Weißkraut und Wirsing
2 Zwiebeln, 1 Bund Petersilie
50 g Rindermark
Salz, Pfeffer, Majoran
Lorbeerblatt, Kümmel

Die ehrwürdigen Schwestern des Dominikanerinnenklosters zu Wörishöfen haben dieses Rezept zu Anfang des Jahrhunderts solchermaßen zubereitet: Man schneidet alles Fleisch in schöne Scheiben, dann ebenso das Gemüse, die Zwiebeln und Petersilie. Zum Pichelsteinerfleisch muß man ein sehr gut schließendes Gefäß haben! Nun belegt man den Boden desselben mit Rindermark, gibt darauf eine Lage obiger Gemüse, dann eine Lage Rindfleisch, wieder Gemüse, nun Schweinefleisch, nochmals eine Lage Gemüse, dann das Hammelfleisch und endet mit einer Lage Gemüse. Zu jeder Lage Fleisch gibt man Salz, Pfeffer, Majoran, Lorbeerblatt und Kümmel. Nun wird das Gefäß gut geschlossen und das Gericht bei mäßigem Feuer gedämpft. Hat man eine Pichelsteinermaschine, so wendet man sie einmal um.

Anmerkung: Natürlich hat »man« heutzutage keine Pichelsteinermaschine mehr, aber der Satz erschien uns um der Kuriosität wegen erwähnenswert.

Österreich

Tu felix Austria! Du hast uns nicht nur das Wiener Schnitzel und den Tafelspitz, die Tiroler Speckknödel und die Sachertorte beschert, sondern auch ein paar der schmackhaftesten Eintöpfe »deutscher Zunge«.

Kitzbühler Gamsgusto

- 750 g Gamsfleisch von der Keule
- 4 große Zwiebeln
- 200 g geräucherter Bauchspeck
- 4 EL Öl, Salz, schwarzer Pfeffer
- 250 g frische Pfifferlinge
- 200 g Steinpilze (frisch oder getrocknet)
- 500 g Kartoffeln (»pommes parisiennes«, also kleine, ausgestochene Kügelchen!)
- 1/2 Glas Portwein, 1 Gläschen Weinbrand
- 1 Bund Petersilie

Das Gamsfleisch in walnußgroße Stücke schneiden, die Zwiebeln in Scheiben und den Bauchspeck in kleine Würfel. Öl in der Kasserolle erhitzen, den Speck darin auslassen und die Zwiebeln hellbraun rösten. Das Fleisch in den Topf geben und in ca. 10 Minuten goldbraun anbraten. Dann mit Salz und Pfeffer würzen und mit etwas Mehl abstäuben, Wasser angießen, umrühren und leise köcheln lassen.
Die Pilze im Bedarfsfalle zurechtschneiden, dazugeben und bei mäßiger Hitze eine 3/4 Stunde schmoren lassen. 20 Minuten vor dem Garwerden die Kartoffelkügelchen dazugeben. Wenn das Gericht fertig ist, Portwein und Weinbrand zugießen und mit der Petersilie garnieren.

Das Gamsfleisch kann natürlich zum Problem werden, d. h. seine Beschaffung. Eine gute Wildhandlung sollte in der Lage sein, es zu besorgen – frisch oder tiefgefroren. Wenn Sie in kleineren Orten wohnen, gibt es sicher im nächstgrößeren einen Delikateßgroßhändler, der gern behilflich ist.

Feiner Wildtopf aus der Welser Heide

- 750 g feines Rehgulasch, 1 große Zwiebel
- 1 Lorbeerblatt, 2 Wacholderbeeren
- 2 EL Butter, 2 EL Zitronensaft, Wasser
- 1 EL frisch geriebener Meerrettich (Kren)
- 1 Sellerieknolle, 1/8 l süße Sahne
- Pfeffer, Salz, 1 EL gehackte Petersilie
- Quarknockerln (siehe unten)

Das Rehfleisch mit der kleingehackten Zwiebel, dem Lorbeerblatt und den zerdrückten Wacholderbeeren in der gebräunten Butter kräftig anbraten. Zitronensaft und etwas Wasser zufügen und 30 Minuten langsam schmoren lassen. Dann den Meerrettich (Kren), den in Salzwasser extra gargekochten und durch ein Sieb gedrückten Sellerie sowie die Sahne zurühren. Zum Schluß den Bratfond ablösen, die Nockerln vorsichtig einlegen, abschmecken und mit Petersilie bestreuen.

Quarknockerln:

- 125 g Quark, 1 Ei, 25 g Butter
- 1 Prise Salz, 30 g grober Grieß

Alle Zutaten gut vermengen, 10 Minuten ruhen lassen und dann mit bemehlten Händen kleine, gleichmäßige Nockerln formen, in kochendes Salzwasser legen und mit einem Kochlöffel vorsichtig vom Topfboden lokkern. Wenn die Klößchen nach oben steigen, sind sie gar.

Steirisches Wurzel-Schöpsernes

1 kg Hammelschulter, 3 große Zwiebeln
3 Petersilienwurzeln, 4 mittelgroße Möhren
1/2 Selleriekopf, 500 g Kartoffeln
je 5 Pfeffer- und Pimentkörner
1 Lorbeerblatt
je 1 Zweiglein Majoran und Thymian
2 Stengel Petersilie, 1/4 l Weißwein
Salz, Wasser, 1 Zitronenviertel (ungespritzt)
1 EL frisch geriebener Meerrettich

»Schöps« nennt man in Österreich den Hammel – und Hammel wie Lammfleisch gehören hier zu den Lieblingsfleischarten.
Zur Vorbereitung das gewaschene Fleisch in 2–3 cm dicke Würfel schneiden. Die geschälten Zwiebeln in Ringe, Gemüse und Kartoffeln in kleine Würfel schneiden, Gewürzkörner, Lorbeerblatt und Kräuter in ein kleines Mullsäckchen füllen und zubinden. Nun das Fleisch in eine große Kasserolle legen, Wein und soviel Salzwasser darüberschütten, daß es eben bedeckt ist, Gewürzsäckchen und Zitronenschale dazugeben und kurz aufkochen, dann abschäumen und bei mittlerer Hitze ca. 1 Stunde gar kochen. Nach der Hälfte der Garzeit etwas Wasser (oder nach Belieben Brühe), Zwiebeln, Gemüse, Kartoffeln und den ausgepreßten Zitronensaft zufügen. Vor Anrichten das Gewürzsäckchen und die Zitronenschale herausnehmen, in einer vorgewärmten Steingutschüssel servieren. Den geriebenen Meerrettich zum Darüberstreuen reicht man extra.

Schweiz

Die meisten Zeitgenossen assoziieren die Schweiz gastronomisch vor allem mit Käse, dem Zürcher Geschnetzelten und höchstens noch dem Bündnerfleisch, vergessen aber dabei, daß sich in den 25 Kantonen mit drei Sprachgebieten auch die eigenständige Küche, deutsch, italienisch und französisch beeinflußt, über Jahrhunderte hinweg erhalten, gefestigt – und weiterentwickelt hat. Hier folgen ein paar Beispiele der Schweizer »Eintopftradition«.

Bündner Gerstentopf auf andere Art

1/2 Selleriekopf, 3 Möhren, 3 Stangen Lauch
2 EL Butter, 2 Zwiebeln, 1 1/2 l Fleischbrühe
1 gespickte Zwiebel
250 g geräucherter Schweinebauch (Dörrfleisch)
150 g grobe Gerste, 1/8 l saure Sahne, 2 Eigelb
Salz, Pfeffer, Petersilie und Schnittlauch
200 g Bündnerfleisch

Alles Gemüse in mundgerechte Würfel oder Ringe schneiden und mit den kleingehackten Zwiebeln im Fett gut anschwitzen, mit der Fleischbrühe auffüllen, aufkochen und die gespickte Zwiebel, den Schweinebauch und die grobe Gerste dazugeben; ca. 2 Stunden köcheln lassen.
Nach dem Garwerden die gespickte Zwiebel entfernen und das Fleisch in kleine Stücke schneiden, würzen und wieder in die Brühe geben. Saure Sahne, Eigelb und Kräuter verrühren und ebenfalls dazugeben.
Der Gerstentopf wird in der Terrine serviert und vorher das hauchdünn geschnittene und gewürfelte Bündnerfleisch untergezogen.

Die berühmte »Berner Platte«

125 g Schweineschmalz, 3 Zwiebeln
1 kg möglichst frisches Sauerkraut
5 Wacholderbeeren, 1/2 l Weißwein
je 1 Schweinefüßchen und -schnäuzchen
4 Kasseler Rippchen
500 g gekochter Schinken am Stück
500 g Schweinebauch
1 Berner Zungenwurst (obligatorisch!!)
Salz und weißer Pfeffer

Die feingehackten Zwiebeln im Schmalz hellgelb rösten, das aufgezupfte Sauerkraut, die Wacholderbeeren und den Wein dazugeben. Nun kommt das Fleisch aufs Kraut: Zuerst die Schweinefüßchen, alles andere nach Belieben – aber die Zungenwurst muß obenauf liegen.
Das alles nun sanft kochen lassen, eventuell mit Salz und Pfeffer würzen, bis das Fleisch gar ist. Auch wenn Sie noch Wein nachgießen, das Kraut muß trocken, also ohne Sauce sein.
Angerichtet wird auf einer schönen Platte so, daß man das Kraut nicht sieht; kleine, in Butter geschwenkte Pellkartoffeln passen gut dazu.

St. Gallener Schwarzwurzeltopf

300 g Kalbfleisch, 70 g Butter
2 Zwiebeln,1/2 l Fleischbrühe
1 kg Schwarzwurzeln, Essig, Mehl
300 g Kartoffeln, 2 Eigelb
1/8 l frische Sahne, Salz und Pfeffer

Das Kalbfleisch in Würfel schneiden und in der heißen Butter von allen Seiten kräftig anbraten. Die Zwiebelwürfel dazugeben, mit der Fleischbrühe auffüllen, dann die Schwarzwurzeln putzen und in Essig-Mehl-Wasser legen, danach in Stücke schneiden und zu dem Fleisch geben. Zugedeckt ca. 30 Minuten garen. Die geschälten Kartoffeln ebenfalls in Würfel schneiden, dazugeben und weitere 20 Minuten kochen lassen. Ganz zuletzt die mit der Sahne verrührten Eigelb unterziehen und mit Salz und Pfeffer abschmecken.

Belgien

»Waterzooi«, ein Fischtopf auf flämische Art

1 kg filetierter Fisch
(Karpfen, Schleie, Aal oder Hecht)
Butter zum Ausfetten
250 g Staudensellerie, Salz, Pfeffer
1 Kräuterbündel (Dill, Petersilie
Lorbeerblatt, Sellerie, Möhre)
50 g Butter, 2 EL Semmelbrösel

Die Fischfilets in Portionsstücke schneiden. Eine gut gebutterte feuerfeste Glasform mit dem in dünne Scheiben geschnittenen Staudensellerie auslegen, den mit Salz und Pfeffer gewürzten Fisch daraufgeben und mit Wasser bedecken. Nun das Kräuterbündel obenauflegen, Butterflöckchen darüber und bei kräftiger Hitze, zugedeckt, ca. 20 Minuten köcheln lassen. Dann das Kräuterbündel entfernen und die Flüssigkeit mit den Semmelbröseln eindicken.

Holland

Verwechseln Sie Holland nicht mit Amsterdam (so wenig wie Paris mit den Provinzen). In den unzähligen Restaurants der Metropole können Sie sich durch die Küchen der Welt futtern; gepriesen sei die Vielfalt. Aber der »echte« Niederländer lebt und kocht in den kleinen Städten und Dörfern, in blitzsauberen Küchen, mit halbhohen Gardinen an den Fenstern (damit ja keiner glaubt, man habe etwas zu verbergen), den schönsten Delfter Kacheln – und oft noch wunderschönen Kohleherden mit kurzen Rohren, auf denen in großen gußeisernen Töpfen ein kräftiger Eintopf schmurgelt. Hier geht man nicht zu Fuß, hier strampelt man sich ab, auf dem Rad, Hollands bekanntester »Automarke«. Und wer weit radeln muß, der schätzt eine deftige Kost: Ein für unsere Verhältnisse opulentes Frühstück, dem ein recht karger Lunch folgt. Der nachmittägliche Tee mit Kuchen überbrückt die Zeit bis zum Hauptgang, dem früh eingenommenen Abendessen. Und das besteht nicht selten aus einem Eintopfgericht.

Niederländer Erbseneintopf

500 g geschälte Erbsen (Hülsenfrüchte)
2 mittlere Zwiebeln, 1 Stange Lauch
1/2 Sellerieknolle, 1 Schweinshachse
1 Schinkenknochen, 1 l Fleischbrühe
1/4 l Milch, Salz und Pfeffer

Die Erbsen waschen und in kaltem Wasser eine Nacht einweichen, abtropfen lassen, in einen Topf geben und mit kaltem Wasser bedecken. Das kleingeschnittene Gemüse, die Schweinshachse und den Schinkenknochen dazugeben und alles zum Kochen bringen. Die Brühe abschäumen, salzen und bei mäßiger Hitze 2 Stunden kochen lassen. Danach Schinkenknochen und Schweinshachse herausnehmen, in mundgerechte Stücke schneiden und wieder dazugeben. Zuletzt Fleischbrühe und Milch beifügen und nach Geschmack mit Salz und Pfeffer würzen.

Rotterdamer Gurkeneintopf

200 g Dörrfleisch, 3 Zwiebeln
4 EL Speiseöl, 500 g Fleischwurst
6 enthäutete Tomaten, 2 Salatgurken
Salz, Pfeffer, Zucker, 1/8 l saure Sahne
1/4 l Fleischbrühe, 2 EL Mehl

Das Dörrfleisch in Würfel, die Zwiebeln in Ringe schneiden und im heißen Öl glasig dünsten. Fleischwurst in Scheiben schneiden und mitbräunen lassen. Die geschnittenen Tomaten und die entkernten, gewürfelten Gurken zufügen. 5 Minuten dünsten und dann Gewürze, Sahne und Brühe zugeben und alles bei mäßiger Hitze ca. 25 Minuten garen.

Eine seltene Geschmacksverbindung, probiert in einer Rotterdamer Hafenkneipe und mit größtem Genuß verzehrt – als Äquivalent zu den ewigen dort gebräuchlichen Fischsuppen.

Amsterdamer Fischtopf

1 kg Goldbarsch mit Kopf
1 Zwiebel, 1 kleines Lorbeerblatt
2 Gewürznelken, 3 EL Butter, 2 EL Mehl
500 g Kartoffeln
weißer Pfeffer, Salz, 1 Messerspitze Safran
1/2 Zitrone, 1 Petersilienwurzel
1 kleine Dose Erbsen, 5 enthäutete Tomaten
250 g Krabben aus der Dose
1/8 l Sahne, 1 TL Zucker

Nachdem Sie die Filets aus dem Fisch herausgeschnitten haben, kochen Sie Gräten und Kopf samt Zwiebel, Lorbeerblatt und Nelken ca. 1 Stunde, um eine kräftige Fischbrühe zu erhalten.
Mittlerweile werden die Filets in mundgerechte Stücke geschnitten, in Butter goldbraun angebraten und mit Mehl überstäubt. Nun füllen Sie mit der Fischbouillon auf, geben die in hauchdünne Scheiben geschnittenen Kartoffeln dazu und würzen mit Pfeffer, Salz, Safran, abgeriebener Zitrone und gewiegter Petersilienwurzel. In ca. 10 Minuten sollte alles gar sein.
Jetzt fügen Sie die Erbsen, kleingeschnittenen Tomaten, Krabben und die Sahne hinzu und schmecken mit etwas Zucker ab.

Frankreich

Natürlich gehört der Eintopf nicht gerade zur »grande cuisine« Frankreichs und man wird ihn meist vergeblich auf den Speisekarten der berühmten Restaurants suchen. Aber in den Provinzen ist er genauso zuhause wie bei uns, nur ein wenig raffinierter, immer aus den besten und frischesten Zutaten bereitet. Die meisten Gerichte haben sich durch jahrhundertelangen Gebrauch in den ländlichen Küchen entwickelt und man kann sie, je nach Gusto oder den vorhandenen Zutaten variieren. Aber es werden immer kräftigere Mahlzeiten sein, die nur den einen Zweck haben, sich den Bauch zu füllen. Der in Küstennähe lebende Franzose leistet sich höchstens ein paar frische kalte Austern vorher, ein Stück Obst oder Käse zum Dessert. Nur der obligatorische Wein – in der Bretagne ein Apfelwein (Cidre) – darf unter keinen Umständen fehlen.

»Elsässer Baeckaoffa« (Baeckeofe)

500 g Schweinenacken oder Schweineschulter
500 g schiere Lamm- oder Hammelschulter
500 g ausgebeinte Rinderbrust
1/2 l herber Weißwein (Vorschlag: weißer
Pinot oder Riesling aus dem Elsaß)
6 Zwiebeln, 2 Knoblauchzehen
eine Gewürzkombination aus: Petersilie,
Thymian, Lorbeerblatt, Salz
und schwarzem Pfeffer
1 kg Kartoffeln

Das Fleisch in große Gulaschstücke zerschneiden und 24 Stunden mit der Hälfte des Weines, einigen Zwiebeln, den Knoblauchzehen und allen Gewürzen zugedeckt durchziehen lassen.
In einem Steingutschmortopf eine Schicht in dünne Scheiben geschnittene Kartoffeln säuberlich geordnet einlegen, dann darauf das Fleisch, die restlichen, wieder in Scheiben geschnittenen Zwiebeln, wieder eine Lage Kartoffeln und den restlichen Weißwein geben. Die Terrine gut verschließen und im Bäckerofen (natürlich tuts auch Ihr Hausofen, wenn Sie nicht gerade Besitzer einer Bäckerei sind) bis zu 3 1/2 Stunden backen lassen.

Zusatz: Je nach Geschmack kann man außer dem angeführten Fleisch einen Schweineschwanz und einen -fuß hinzufügen, ebenfalls mariniert. Auch 2–3 Lauchstangen passen als Gemüse noch dazu. Dazu paßt ein frischer, knackiger Salat.

Wir haben bewußt auf den Schwarzbrotteig verzichtet, der dieses Traditionsgericht aus dem Elsaß krustig verschließen sollte, da wir seine Zubereitung, oder das Besorgen vom Bäcker, wie es früher üblich war, für zu kompliziert halten – es genügt ein einfacher Mehl-Wasser-Teig!

Colmarer Eintopf (Süri Rüewe – Ruawa)

150 g Schweineschmalz, 3 große Zwiebeln
1 1/2 kg gesalzene weiße Rüben
500 g geräucherte Schweineschulter
2 gepökelte Schweinshachsen
2 Knoblauchzehen
1/4 l herber Elsässer Weißwein
(Vorschlag: Edelzwicker)
3/8 l Wasser

Die in Scheiben geschnittenen Zwiebeln mit dem Schmalz in einer fest verschlossenen »Cocotte« (laut Lexikon: Schmortopf oder

durchgepreßte Knoblauchzehen mit Salz, Zitronensaft, Olivenöl und 1 Ei sowie 1 Eigelb zu einer dicken Mayonnaise rühren.

Man bezeichnet die Bouillabaisse zwar in aller Welt als Suppe, aber eigentlich ist sie ein echter Eintopf. Lassen Sie sich – falls Sie Kenner sind – durch die Auswahl unserer Fische nicht stören. Es ist noch schwierig, in Gelsenkirchen oder Garmisch die zu bekommen, die man in Marseille oder Umgebung verwendet. Denn auch dort bereitet man die Bouillabaisse in jedem Restaurant, in jedem Bistro anders zu – und schwört darauf, daß es die einzig richtige Version ist.

Die Bouillabaisse de l'Océan

Ohne daß die Bouillabaisse jemals ihre Herkunft von der Mittelmeerküste Frankreichs verleugnen könnte, gibt es auch an der Atlantikküste eine bemerkenswerte Nachahmung, die verschiedene Variationen zu einer eigenen Kombination vereinigt:

6 EL Olivenöl, 3 EL Butter, 5 große Zwiebeln
1 Stange Lauch, 500 g Kartoffeln
1/2 EL Thymian, 1/2 EL Fenchelkraut
1 Lorbeerblatt
3 Gewürznelken, 4 Zehen Knoblauch
1 EL Selleriegrün, 4 Tomaten
1 kg Fische: Merlan, Maquereau, Rouget
(Weißling, Makrele, Rotbarbe)
evtl. Hummer, Krabben, 1 kg Muscheln
1/2 Tasse Weißwein, schwarzer Pfeffer aus der
Mühle, 1 Prise Cayennepfeffer
1 l Bouillabaisse-Brühe, Weißbrotschnitten

In einer großen Kasserolle läßt man Öl und Butter heiß werden, gibt die feingehackten Zwiebeln, halbsoviel feingeschnittenen Lauch und die in Scheiben geschnittenen Kartoffeln dazu, würzt mit Thymian, Bohnenkraut und Fenchelkraut, dem Lorbeerblatt, den Nelken, den zerriebenen Knoblauchzehen und wenig Selleriegrün, gibt die in Würfel geschnittenen, ausgepreßten Tomaten hinzu und läßt alles kurz anlaufen. Nun kommen die Fische dazu, die man leicht gewürzt dämpfen läßt. Man löscht mit dem Weißwein ab, gibt Pfeffer und Cayenne daran und füllt mit der Bouillon auf. Sobald der Fisch gargezogen ist, kommen die separat präparierten Muscheln mit ihrer eigenen Brühe hinein. Alles zusammen leicht durchkochen lassen.

Pot au feu à la Bayonne

100 g Gänsefett
500 g Schinken aus Bayonne (obligatorisch!),
in dicke Scheiben geschnitten*
250 g Schweinekeule
500 g gestückelter Ochsenschwanz
1 frische Gänsekeule, 4 große Zwiebeln
3 große Möhren, 1 l herber Burgunder
1/2 l Wasser, 2 Knoblauchzehen
1/2 TL gemahlener weißer Pfeffer
1 EL französische Kräuter
(man nimmt am besten die im Steinguttöpfchen
erhältlichen »Herbes de Provence«!)

Streichen Sie zuerst die »Marmite«, also den Kochtopf, mit dem Gänsefett aus. Nun wird »geschichtet«! Schinkenscheiben, Schweinekeule in Würfeln, Ochsenschwanzstücke, die ganze Gänsekeule, Zwiebelringe und Möhrenscheiben. nun den Wein mit Wasser vermischen, dahinein die zerdrückten Knoblauchzehen und den Pfeffer geben – übergießen Sie das Fleisch und bestreuen Sie es mit den Kräutern.
Die »Marmite« fest verschließen und den »Pot« ca. 3 bis 4 Stunden im Backofen bei ca. 175 Grad (Gasherd Stufe 2) garen lassen.

* Die Tiere werden mit Kastanien gefüttert – das gibt den unvergleichlichen Geschmack.

Toulouser Cassoulet

Zutaten für ca. 8 Personen
(weil sehr gut zum Aufwärmen geeignet!)
500 g weiße Bohnen, 8 mittlere Zwiebeln
3 Gewürznelken, 6 Knoblauchzehen
2 Möhren, 1 EL Thymian, 1 Bund Petersilie
2 Lorbeerblätter
500 g geräucherter Schweinekamm
2 EL Gänseschmalz, 1 große Gänsekeule
250 g Hammelkeule, 1 EL Mehl
250 g Tomaten
schwarzer Pfeffer aus der Mühle
4 Knoblauchwürstchen
(oder 200 g Knoblauchwurst in Scheiben)
und 50 g Paniermehl

Die über Nacht eingeweichten Bohnen im eigenen Wasser (gut bedeckt, notfalls nachfüllen) aufsetzen. Eine mit Nelken gespickte Zwiebel, 3 geschälte Knoblauchzehen, eine Möhre, Thymian, Petersilie und Lorbeerblätter zugeben, das geräucherte Schweinefleisch auf die Bohnen legen und alles bei verschlossenem Topf ca. 1 Stunde kochen lassen. Inzwischen die Gänsekeule und das gewürfelte Hammelfleisch im Gänseschmalz mit den restlichen gehackten Zwiebeln goldbraun braten, mit Mehl überstäuben und mitbräunen. Die restlichen Knoblauchzehen über dem Fleisch zerdrücken, Tomaten überbrühen, abschälen und ebenfalls dazugeben. Die gespickte Zwiebel und die Möhre aus der Bohnensuppe nehmen, Fleisch, Tomaten und die nunmehr in Scheiben geschnittene Möhre in die Suppe legen und mit Brühe auffüllen, bis alles bedeckt ist. Mit Pfeffer würzen und zugedeckt nochmals 1 1/2 Stunden köcheln lassen.
1/4 Stunde vor Beendigung der Garzeit die in Scheiben geschnittene Knoblauchwurst dazugeben. Zum guten Schluß überstreut man den Bohnentopf mit dem Semmelmehl, schiebt ihn in den vorgeheizten Ofen (Mittelhitze) und wartet gespannt auf eine goldbraune Kruste.

Zur Zeit des Anatole France soll es angeblich einen Küchenchef gegeben haben, dessen Cassoulets unübertroffen waren, weil er sie 20 Jahre vor sich hinbrutzeln ließ. Gewiß ein Scherz, aber es sagt uns vielleicht, daß man dieses Gericht sehr langsam kochen muß, um es »unvergleichlich saftig« werden zu lassen.

Noch ein kleiner Rat: Wenn Ihr Backofen keine Sichtblende hat, müssen Sie raten, wann die Kruste braun ist; jeder Zug beim Nachsehen würde sie in Gefahr bringen!

Spanien

Olla Podrida

250 g Kichererbsen, Natronwasser
1 Schweinefuß, 2 Schweineohren
200 g Ochsenbrust, 200 g Hammelfleisch
100 g roher Schinken, 1 Suppenhuhn
Salz, 1 Bund Suppengrün
ca. 2 kg Gemüse (grüne Erbsen, Weißkraut,
Möhren, Zwiebeln, Blumenkohl, Lauch)
3 Quitten

Wie Sie an der (variierbaren) Menge der Zutaten sehen, ist die Olla kein Gericht für die kleine Familie; man sollte schon ein paar nette Leute dazu einladen.
Die Kichererbsen über Nacht in Natronwasser einweichen. Alles Fleisch, vorbereitet, in kaltem, gesalzenen Wasser unter Zugabe des Suppengrüns langsam zum Kochen bringen, abschäumen und ca. 2 Stunden gar kochen.
Dann das geputzte, kleingeschnittene Gemüse, die vorgeweichten Kichererbsen und die geschnitzelten Quitten dazugeben, evtl. etwas Flüssigkeit (Wasser oder Brühe) nachgießen. Nochmal 1 Stunde zugedeckt kochen. Vor dem Anrichten das Fleisch in mundgerechte Stücke schneiden.

Ganz echt würde die Olla (die einem alten Sprichwort zufolge für den Spanier gleich nach dem lieben Gott kommt), wenn es Ihnen gelänge, ein paar Chorizos, das sind kleine spanische Knoblauchwürstchen, zu bekommen.

Gazpacho

(die berühmte kalte spanische Gemüsesuppe als Eintopf!)

500 g sehr reife Tomaten
1 Salatgurke, 2 grüne Pfefferschoten
2 rote Paprikaschoten, 3 Zwiebeln
4 Knoblauchzehen, Pfeffer, Salz
2 Tassen grobe Weißbrotkrumen ohne Kruste
3/4 l Eiswasser, 1/8 l Olivenöl
1/2 Tasse spanischer Landrotwein
1/3 Tasse Kräuteressig, 4 EL Tomatenmark
10 spanische Oliven ohne Kern
2 hartgekochte Eier, 1 Bund Petersilie

Die abgezogenen Tomaten und die geschälte Gurke grob hacken, Pfeffer-, Paprikaschoten und Zwiebeln würfeln, Knoblauchzehen zerdrücken und samt den Gewürzen und dem Weißbrot untereinandermengen.
Durchziehen lassen (ca. 2 Stunden). Dann kommen Wasser, Öl, Wein und Essig dazu. Diese Mischung langsam nach und nach pürieren, so daß eine sämige Masse entsteht. Geben Sie nun alles in eine tiefe Terrine und rühren Sie das Tomatenmark unter. Das Ganze 2 Stunden kalt stellen.
Inzwischen hacken Sie Oliven, Eier und Petersilie und überstreuen damit vor dem Anrichten die Gazpacho.
Eine Köstlichkeit für heiße Sommertage.

Die »Paella«

1 kg Miesmuscheln, 1 Huhn von ca. 1 kg
200 g mageres Kalbfleisch
200 g Schweinelende oder 1 Scheibe Kalbsleber
1/8 l Olivenöl, 2 Zwiebeln
2 Paprikaschoten (rot und grün)
750 g Scampi oder Langostinos
2 Zucchini, 5 große Tomaten
3 Knoblauchzehen, 250 g Reis (Rohgewicht)
1 g Safran, ca. 1 l Fleischbrühe
200 g Tiefkühlerbsen
10 grüne und 10 schwarze Oliven
1 Glas herber Weißwein
eventuell Salz und Pfeffer

Die Muscheln sorgfältig waschen und in einer Pfanne bei starker Hitze auf dem Feuer lassen, bis alle geöffnet sind. Nun abtropfen, die Schalenhälfte ohne Fleisch ablösen, den Sud durchseihen und beiseite stellen.
Das Huhn in kleine Stücke zerteilen und mit dem gewürfelten Fleisch in einer eisernen Pfanne im stark erhitzten Öl bräunen.
Die klein gehackten Zwiebeln und die in Streifen geschnittenen Paprikaschoten mit den rohen Scampi in der Schale dazugeben, gut vermischen und 10 Minuten zugedeckt dünsten.
Die Zucchini schälen, die Tomaten häuten, beides in Stücke schneiden, den Knoblauch zerstoßen und mit dem Muschelsud in die Pfanne schütten. Zugedeckt 1 Stunde weiterdünsten, dann Reis und Safran zufügen und soviel Brühe, daß alles bedeckt ist. Noch 20 Minuten bei schwacher Hitze kochen. 10 Minuten vor dem Garwerden die Erbsen, Muscheln, Oliven und den Weißwein dazugeben und eventuell mit Salz und Pfeffer abschmecken.

Wie bei der Bouillabaisse, so gibt es auch bei der Paella, die in Valencia und Umgebung besonders beliebt ist, unzählige Variationsmöglichkeiten. Wir haben Ihnen hier eine besonders kräftige und nicht ganz billige zusammengestellt. Sie können gern experimentieren, nur Muscheln, Huhn und eine Sorte Schweinefleisch sind obligatorisch.
Ihr Name leitet sich übrigens von dem Geschirr ab, in dem sie zubereitet wird, der eisernen Pfanne mit dem hohen Rand.

Andalusischer Fischtopf »Algeciras«

1 Zwiebel, 1 Aubergine, 2 EL Olivenöl
2 EL Rosenpaprika, 1/4 l Weißwein
1 TL Salz, 5 große Fleischtomaten
1 rote Paprikaschote, 1/2 l Wasser
2–3 kleine Tintenfische
1 TL Basilikum, 1 TL frische Minze
2 große, gehackte Knoblauchzehen
1 kg Seefische (Filets von Seezunge,
Heilbutt, Barsch etc.)
1 kleines Glas trockener Sherry (fino)
1 EL gehackte Petersilie

Zwiebel und Aubergine, grob gewürfelt, im Öl anschwitzen. Das Paprikapulver darüberstreuen und mit dem Weißwein ablöschen, salzen und bei mäßiger Hitze solange köcheln, bis der Weißwein verdunstet ist. Dann die enthäuteten Tomaten und die Paprikaschote, beide gewürfelt, mit dem Wasser dazugeben, ebenfalls den Tintenfisch und die Gewürze.
Alles ca. 15 Minuten durchkochen lassen. Jetzt kommen alle in Würfel geschnittenen Fischfilets hinein und man läßt bei mäßiger Hitze noch etwa 8 bis 10 Minuten garen. Zum Schluß wird mit dem Sherry abgerundet und mit Petersilie bestreut.

◁ Paella

Ein Zucchinitopf aus Valencia

4 schöne Stücke Schweinefilet (ca. 600 g)
1 TL Salz, 1 TL Chilipulver
1 EL Olivenöl, 4 Zwiebeln
6 geschälte Tomaten
100 g Reis (roh), 10 grüne Oliven
5 ungeschälte Zucchini,
in dünne Scheiben geschnitten
1 TL Zucker, 50 g Reibkäse

Bereiten Sie das Fleisch zu, indem Sie das Fett und die Sehnen entfernen, es mit Salz und Chilipulver einreiben und im heißen Öl in einer Kasserolle von beiden Seiten schön braun anbraten.
Nun werden die Zutaten aufgeschichtet: zuerst die Zwiebeln, dann die zerdrückten Tomaten, der Reis – und obenauf die Oliven und die Zucchinischeiben. Darauf gießen Sie den mit etwas Tomatensaft verrührten Zukker. Deckel drauf und 1 Stunde im Backrohr bei mittlerer Hitze leicht schmoren lassen. Zum Schluß den Deckel abnehmen und den Reibkäse zum Überbacken darübergeben.

»Pisto espanol«

4 EL Olivenöl, 2 große blaue Zwiebeln
1 Knoblauchzehe, 2 Zucchini
1 große rote Paprikaschote, 500 g Kürbis
5 mittlere Tomaten
2 Eier, Wasser, Salz und Pfeffer

Das Öl in einer Kasserolle erhitzen, die grob gehackten Zwiebeln und die Knoblauchzehe darin glasig dünsten, Zucchini (in dünnen Scheiben), Paprika (in feinen Streifen, entkernt), den Kürbis (geschält und gewürfelt), Salz und Pfeffer zufügen und bei kleiner Hitze ca. 10 Minuten dünsten, dann die enthäuteten Tomaten dazugeben und weitere 5 Minuten dünsten. Die Eier mit 2 EL Wasser, Salz und Pfeffer gut verquirlen und unterziehen oder separat dazu servieren.

Spanisch-Fricco

600 g Kalbfleisch (Schulter)
1 1/2 kg Kartoffeln, Salz
2 Zwiebeln, 1 Prise schwarzer Pfeffer
1 Lorbeerblatt, 2 Nelken
1/8 l saure Sahne, 30 g Butter

Das Fleisch wird in Würfel geschnitten. Abwechselnd mit in Scheiben geschnittenen Kartoffeln legt man es in eine Kasserolle und gibt auf jede Schicht etwas Salz, Zwiebelringe, Pfeffer, Nelken und Lorbeerblatt. Dann gießt man die Sahne darüber, verteilt Butterflöckchen auf der Oberfläche und läßt das Ganze im Backrohr (bei ca. 200 Grad – Gasherd Stufe 3) gar werden.

Italien

Italien und Eintopf? Das sagen Sie mal den Touristen, die glauben, die italienische Küche nach zwei Wochen Adria »vollinhaltlich« konsumiert zu haben. Da gibt es Pizza (ist sie nicht auch schon eine Abart von Eintopf? man trinkt höchstens ein Glas Wein dazu), Spaghetti mit Tomatensauce und die Minestrone. Basta. Aber wer weiß schon, daß die alten Griechen den Italienern das Kochen beigebracht haben – mit Olivenöl, Käse und Wein. Und daß es wiederum die Italiener waren, die diese Kunst den Franzosen weitergaben. Zucker und Gewürze (sie brachten so reichen Gewinn, daß damit Venedig gebaut werden konnte) revolutionierten die europäische Küche in jeder Hinsicht. Auch das erste Kochbuch wurde 1474 in Italien gedruckt (alle Vorgänger sind handschriftlich überliefert). Thymian, Oregano, Basilikum, sonnengereifte Tomaten, geriebener Parmesan, ein paar hundert Sorten Teigwaren und ein großer Fischreichtum, kombiniert mit der unerschöpflichen Phantasie der italienischen Köchin – welch ideale Voraussetzungen für einen schmackhaften Eintopf!

Genueser Kutteltopf

1 kg gekochte Kaldaunen (Kutteln)
1 Lorbeerblatt, 1 EL Rotweinessig, Salz, Pfeffer
3 EL Olivenöl, 1 gehäufter EL Butter
2 Zwiebeln, 200 g Schinkenspeck
1/2 kleiner Selleriekopf, 250 g Kartoffeln
2 Möhren, 1 Stange Lauch, 250 g Weißkohl
1 1/2 l Fleischbrühe
250 g frische Champignons
1/4 l herber Weißwein
5 Tomaten, 1 Bund Petersilie

Kutteln (also die Mägen von Ochse, Schwein und Hammel) gehören in Italien zu den bevorzugten Innereien – Delikatessen, auch für den Feinschmecker. Aber man muß sie mit Liebe zubereiten! Alsdann:

Ihr Metzger wird Ihnen die Kutteln gern vorkochen und in Streifen schneiden. Dann setzen Sie sie in soviel Wasser auf, daß sie gerade bedeckt sind, fügen Lorbeerblatt, Essig, Salz und Pfeffer dazu und lassen sie auf kleinem Feuer mindestens 2–3 Stunden weichkochen.

Nach dem Garwerden auskühlen lassen, das Öl mit der Butter erhitzen, feingeschnittene Zwiebeln, Speck und das Gemüse anrösten, die Fleischbrühe, die Kutteln, die ganzen, höchstens halbierten Champignons, zur Gaumenfreude 1/4 l herben italienischen Weißwein und die gehäuteten und entkernten Tomaten dazugeben. Alles noch eine gute Stunde leise köcheln lassen. Mit gehackter Petersilie bestreuen.

Die berühmte Mailänder Minestrone

Sie ist von ihrer Konsistenz her natürlich eher eine Suppe. Aber mit geringen Veränderungen läßt sich daraus ein sehr schmackhafter Eintopf bereiten.

- 40 g geräucherter Bauchspeck
- 2 EL Olivenöl, 1 Bund Petersilie
- 2 Knoblauchzehen, 1 Salbeiblatt
- oder eine Prise getrockneter Salbei
- 1 große Zwiebel, 1/3 Selleriekopf
- 3 Möhren, 1 Stange Lauch
- 4 große italienische Tomaten
- 250 g Weißkraut, 250 g Kartoffeln
- 1/2 kleiner Wirsingkopf
- 200 g frische weiße Bohnen
- möglichst frische Basilikumblätter
- 1 1/2 l Fleischbrühe, Salz
- 125 g Eierhörnchen, Parmesan

Den kleingewürfelten Bauchspeck im heißen Öl anbraten, Petersilie, Knoblauch, Salbei und Zwiebeln kleinhacken und dazugeben und ein Weilchen rösten lassen. Das kleingeschnittene Gemüse, die Bohnen und die gehackten Basilikumblätter zufügen und mit der Brühe aufgießen. Nun das Salz drangeben und alles 1 3/4 Stunden köcheln lassen. Ca. 10 Minuten vor Ende der Garzeit die Hörnchen mitkochen und mit reichlich geriebenem Parmesankäse überstreut servieren.

Wichtigster Bestandteil der schweren, eintopfartigen Minestrone sind immer die sättigenden Hülsenfrüchte – in diesem Rezept die weißen Bohnen – und alle möglichen Arten von *pasta*, z. B. kleine *tortellini*, ganz kleine Ravioli oder *tagliolini*, das sind ganz dünne Nudelstreifen. Sehr gern kocht man in Italien Schwarten oder geräucherte Schweinebacken mit, dann läßt sich mancher kühle Tag recht gut überstehen.

Kalabrischer Mangoldtopf

- 500 g Mangold, 1/4 l Salzwasser
- 750 g gemischtes Hackfleisch
- (von Rind und Schwein)
- 250 Semmelbrösel
- 200 g geriebener Parmesankäse, 4 Eier
- 1 Bund Petersilie, Salz, Pfeffer
- 1 1/2 l Fleischbrühe

Den Mangold mit kaltem Wasser abspülen und auf einem Sieb abtropfen lassen, inzwischen das Wasser mit Salz aufkochen und den Mangold darin bei mäßiger Hitze ca. 3 Minuten kochen lassen, dann wieder zum Abtropfen auf das Sieb geben.
Das Hackfleisch mit den Semmelbröseln, dem Käse und den Eiern vermengen, dann die gehackte Petersilie, Salz und Pfeffer dazugeben, kleine Klößchen formen, den Mangold grob hacken und alles zusammen in die heiße Fleischbrühe geben und noch 10 Minuten ziehen lassen.
Eigentlich handelt es sich hier um eine Kalabreser Fastensuppe, die mit bescheideneren Zutaten drei Tage vor Aschermittwoch bereitet wird; daher auch ihr einheimischer Name »Tre Giorni«. Die Zutaten eignen sich aber vorzüglich zu einem Eintopfgericht.

Minestrone ▷

Merano

Sizilianischer Lammtopf

750 g Lammkeule, 2 EL Olivenöl
Salz, Pfeffer, 1 Prise Zucker
3 große Tomaten, 2 Knoblauchzehen
1 Kräutersträußchen aus Petersilie, Lorbeer und Rosmarin
3/4 l Fleischbrühe, 3 große blaue Zwiebeln
250 g Kartoffeln, 250 g Möhren
150 g grüne Bohnen, 150 g Erbsen
(beide können tiefgefroren sein)

Schneiden Sie das sorgfältig vorbereitete Fleisch in 2 cm dicke Würfel, erhitzen Sie das Öl, braten Sie das Fleisch an und bestreuen Sie es mit Salz, Pfeffer und einer Prise Zucker.
Dann kommen die enthäuteten Tomaten und der kleingehackte Knoblauch dazu, alles umrühren, das Kräutersträußchen darauflegen, mit der Brühe übergießen und ca. 30 Minuten bei mäßiger Hitze schmoren. Nun alle übrigen Gemüse (soweit nötig kleingeschnitten) hinzufügen und noch einmal 40 Minuten bei gleicher Hitze weiterschmoren. Nicht vergessen, vor dem Anrichten den Kräuterstrauß zu entfernen.

Neapolitanischer Melonentopf

3 schöne reife Honigmelonen
2 EL Pflanzenöl, Salz und Pfeffer
1 kleine Prise Ingwerpulver
1 1/2 l Milch, 2 EL gehackter Kerbel
1/8 l Sahne, 3 Eigelb

Die Melonen vierteln, schälen, entkernen und das Fruchtfleisch in kleine Stücke schneiden. Das Öl in einer Pfanne erhitzen, die Melonenstücke kurz andünsten und mit allen Gewürzen abschmecken. Nun 2/3 der Melonenstücke beiseite stellen, den Rest mit der Milch und dem Kerbel ca. 1/2 Stunde kochen lassen, dann durch ein feines Sieb passieren, die Sahne mit dem Eigelb verrühren, damit legieren und alle Melonenstücke dazugeben.

Slowenien, Kroatien, Bosnien-Herzegowina, Serbien

Grüner Bohneneintopf

- 500 g Schweinebauch
- 2 rote Paprikaschoten, 250 g Zwiebeln
- 500 g Kartoffeln
- Salz, Pfeffer, 1 Prise Zucker
- 1 EL Rosenpaprika, 2 EL Speiseöl
- 500 g grüne Bohnen, 1 Bund Bohnenkraut
- 1 Knoblauchzehe, 2 Peperoni
- 5 Tomaten, 1 EL gehackte Petersilie

Fleisch und Paprikaschoten in feine Streifen schneiden, Zwiebeln in Ringe, Kartoffeln in Scheiben. Alles zusammen, kräftig gewürzt, im heißen Öl in einer Kasserolle braten, zudecken und bei mäßiger Hitze 1/4 Stunde schmoren. Dann etwas heißes Wasser angießen, die gebrochenen Bohnen, das Bohnenkraut und die zerdrückte Knoblauchzehe samt den kleingeschnittenen Peperoni dazugeben und eine weitere halbe Stunde auf dem Feuer lassen. Kurz vor dem Garwerden die enthäuteten, geviertelten Tomaten dazulegen und vor dem Servieren mit Petersilie überstreuen.

Bosnischer Hammeltopf mit Weißkraut

- 600 g Hammelschulter
- 3 Zwiebeln, 100 g Schweineschmalz
- 1 kg Weißkraut, 6 Tomaten
- 2 Knoblauchzehen, 1 TL Rosenpaprika
- Salz, Pfeffer, 1 EL Mehl

Das Fleisch in mundgerechte Stücke schneiden und mit gewürfelten Zwiebeln im heißen Schmalz leicht andünsten. Nun in eine ungefettete Kasserolle die erste Lage kleingeschnittenes Kraut legen, darauf das Fleisch und die Zwiebeln und darüber die geschälten Tomaten und den zerdrückten Knoblauch. Alle Gewürze dazugeben, mit Mehl bestäuben und mit heißem Wasser knapp bedecken. Bei 220 Grad (Gasherd Stufe 3–4) ca. 1 Stunde im Ofen schmoren lassen.

Slowenischer Satarasch

500 g magerer Schweinebraten (Schnitzelfleisch)
500 g Rinderbraten, Mehl zum Überstäuben
4–6 EL Olivenöl oder Sonnenblumenöl
eventuell etwas Fleischbrühe
2 große Zwiebeln, 500 g Möhren
je 2 Paprikaschoten gelb, rot, grün
4 Fleischtomaten, 2 Zehen Knoblauch
1 Peperoni, Salz, 1 EL Edelsüßpaprika
1 EL Rosenpaprika, 1 TL Basilikum
frisch gemahlener schwarzer Pfeffer
1 EL Zitronensaft
evtl. 1 Schuß herber Rotwein
4 Eier, 1 Bund Petersilie

Das Fleisch schneiden Sie entweder in dünne Streifen oder in kleine Gulaschwürfel. Sie bemehlen es von Hand und braten es im heißen Öl von allen Seiten kräftig an. Dann schalten Sie die Temperatur zurück und lassen das Fleisch mit aufgelegtem Deckel etwa 30 Minuten köcheln, bis es fast gar ist. Falls nicht genügend Eigenflüssigkeit austritt, geben Sie etwas Brühe zu.
Inzwischen schneiden Sie die Zwiebeln in grobe Würfel, die Möhren in feine Scheiben und die Paprikaschoten in schmale Streifen. Von den Paprikaschoten behalten Sie von jeder Farbe eine halbe Schote zurück, die feingehackt und roh zur Garnierung verwendet wird.
Die geschälten Tomaten schneiden Sie in Viertel, den Knoblauch hacken Sie sehr fein und die Peperoni schneiden Sie in sehr feine Streifen. Sie nehmen das Fleisch aus dem Topf, gießen den Saft mit zum Fleisch und füllen eventuell noch etwas Öl nach. Sie braten das Gemüse leicht an, würzen kräftig und geben nach Geschmack einen Schuß Rotwein dazu. Deckel auf den Topf und das Gemüse zieht ca. 15 Minuten, es sollte noch einen Biß haben!

Nun heben Sie das vorgegarte Fleisch unter das Gemüse, verschlagen die Eier, geben sie über das Satarasch und lassen sie stocken. Bevor das Gericht serviert wird, streuen Sie die feingehackten Paprikaschotenstückchen und die feingehackte Petersilie darüber. Eine farbenfrohe und sehr schmackhafte Eintopfvariante!

Ein Djuwetsch aus Serbien

750 g Schweinenacken
3 Zwiebeln, 2 Auberginen
1 kg Tomaten, 4 grüne Paprikaschoten
100 g roher Reis, 1/8 l Speiseöl
Salz, weißer Pfeffer, 1 1/2 l Fleischbrühe

Zu diesem Gericht brauchen Sie eine großen Römertopf (nicht vergessen, beide Hälften vorher lange und gut zu wässern!). Darin einlegen: Das gewürfelte Fleisch, Zwiebelscheiben (möglichst dünn), die geschälten und kleingeschnittenen Eierfrüchte (Auberginen) und Tomaten, die in Streifen geschnittenen und entkernten Paprikaschoten, den kalt abgewaschenen Reis. Darüber gießen Sie das Öl, salzen und pfeffern, rühren alles kräftig durcheinander, gießen mit der Fleischbrühe soweit auf, daß alles bedeckt ist, geben den Deckel darauf und lassen den Eintopf ca. 2 Stunden bei 200 Grad (Gasherd Stufe 3) garen.

Djuwetsch ▷

Albanien

Hasentopf »Tirana«

1 Wildhase
Salz, weißer Pfeffer
100 g Butter, 500 g Kartoffeln
250 g Mischpilze
3/4 l Rotwein, 1/2 l Fleischbrühe
1 Lorbeerblatt, 5 Wacholderbeeren
2 Scheiben Schwarzbrot
1/4 l saure Sahne, 1 Prise Zucker

Das wohlpräparierte Fleisch eines Hasen in Würfel schneiden, mit Salz und Pfeffer einreiben und in der heißen Butter in der Kasserolle kräftig anbraten, die gewürfelten Kartoffeln und die Pilze darüberlegen, mit Rotwein und Brühe auffüllen, jetzt erst Lorbeerblatt und Wacholderbeeren hineintun und das Schwarzbrot hineinbröseln. Fest zugedeckt bei mittlerer Hitze auf dem Herd 1 3/4 Stunden schmoren lassen. Vor dem Servieren die saure Sahne unterziehen und mit einer Prise Zucker abschmecken.

Griechenland

Dem Kapitel »Griechenland« sei ein Ausspruch des Sokrates vorangestellt: Wir leben nicht, um zu essen, sondern wir essen, um zu leben.

Spätestens seit die Luxusjacht des legendären Onassis durch die Boulevardblätter der Welt geisterte, wissen auch wir, daß Griechen zu leben wissen. Die Kombüse teilten sich nämlich stets zwei Köche: ein Franzose für die Schickeria, die grade zu Gast war – und ein Grieche fürs Heimweh. Auf seine »Stammgerichte« mochte der Krösus genauso wenig verzichten, wie seine weniger betuchten Landsleute daheim. Die Haine Griechenlands liefern Köstlichkeiten im Überfluß: Zitronen, Oliven, Mandeln, Feigen, Pfirsiche, Aprikosen, Melonen und den betäubend duftenden Majoran, die Felder sind voll von Artischocken, Bohnen, Gurken, Knoblauch, Eierfrüchten und Kohlköpfen. Und selbst in den kleinsten Dörfern ist auch noch in unseren Tagen die überschwengliche Gastfreundschaft so verbreitet, wie zur Zeit der Helden Homers.

Bergziegentopf »Hellas«

750 g Ziegenfleisch aus der Keule
Salz, 1 TL Kümmel
1 mittelgroßer Wirsingkohlkopf
3 Möhren, 1/2 Sellerieknolle
2 Petersilienwurzeln
500 g Kartoffeln, schwarzer Pfeffer
1 l Hühnerbrühe

Auch dieses Gericht läßt sich vorzüglich im Römertopf zubereiten. Das Ziegenfleisch würfeln, salzen, mit Kümmel bestreuen und in der erhitzten Butter von allen Seiten schön braun braten – in der Pfanne!
Dann umfüllen in den Römertopf, darüber den kleingeschnittenen Wirsing geben, die in Scheiben geschnittenen Möhren, gewürfelte Sellerie und ganze Petersilienwurzel sowie die in Scheiben geschnittenen Kartoffeln. Kräftig mit Pfeffer aus der Mühle überstreuen, mit der Hühnerbrühe aufgießen und zugedeckt 2 Stunden im Backofen bei 175 Grad (Gasherd Stufe 2–3) schmoren lassen.

Auberginenragout

1 kg schieres Hammelfleisch
reichlich Olivenöl
4 große blaue Zwiebeln
4 Fleischtomaten, 1 Tasse Tomatensaft
Salz, frisch gemahlener schwarzer Pfeffer
Thymian und Oregano
4 mittelgroße Auberginen
2 EL gehackte Petersilie
evtl. Mondamin zum Binden

Das Fleisch in große Würfel schneiden und im heißen Öl rundum gut anbraten. Die grob gewürfelten Zwiebeln zugeben und leicht anrösten. Die Tomaten enthäuten, klein schneiden und mit dem Tomatensaft zum Fleisch rühren. Sparsam mit Salz und Pfeffer würzen und eine halbe Stunde bei geringer Wärmezufuhr köcheln lassen.
Wenn die Auberginen sehr frisch sind, erübrigt sich das Schälen, sonst schälen Sie die Eierfrüchte dünn und schneiden Sie anschließend in dicke Scheiben. Diese legen Sie ziegelartig in einen Teller, salzen etwas und lassen das Gemüse etwa 10 bis 15 Minuten ruhen, damit der bittere Saft abfließen kann. Dann geben Sie die Auberginenscheiben zum Fleisch und lassen es solange weiterkochen, bis das Fleisch gar ist. Kurz vor dem Ende der Garzeit streuen Sie die gehackte Petersilie über das Ragout und binden – falls unbedingt nötig – das Ragout mit etwas angerührtem Stärkemehl.
Vergessen Sie nicht, einen kräftigen Retsina und knackiges Weißbrot dazu zu reichen.

Stockfisch, wie ihn die Fischer von Piräus lieben

1 kg Stockfisch, 4 Knoblauchzehen
4 EL Olivenöl, 500 g Kartoffeln
5 große Tomaten, 2 Auberginen
2 grüne Paprikaschoten
3 Eier, weißer Pfeffer, Salz
1 EL gehackter Dill

Den Fisch über Nacht wässern, entgräten und in Stücke schneiden, mit den kleingehackten Knoblauchzehen im Öl anbraten, die geschälten Kartoffeln darüber raspeln, Tomaten, Auberginen und Schoten, alles entsprechend zerkleinert, daraufgeben, Eier mit Pfeffer und Salz verquirlen, darübergießen und ca. 20 Minuten zugedeckt bei 175 Grad (Gasherd Stufe 2–3) garen lassen. Vor dem Servieren mit Dill überstreuen.

Türkei

Bei den »Hammel«-Rezepten (nicht nur den türkischen) sollten Sie darauf achten, echtes reines Hammelfleisch zu bekommen, das, wie Arne Krüger einmal sagte, wirklich »hammelt«, d. h., eben den spezifischen starken Hammelgeschmack hat. Leider wird bei uns immer noch das Lamm wegen seines relativ indifferenten Geschmacks vorgezogen. Der Kenner bevorzugt schon lange in den Großstädten die Markthallen mit ihren türkischen oder nordafrikanischen Lebensmittelgeschäften. Denn die bestehen auf ihrem unverfälschten Hammelfleisch. Und recht haben sie.

Hammelpilaw

600 g Hammelschulter
Essig zum Beizen
1/2 Tasse Olivenöl, 2 Zwiebeln
1/2 l Fleischbrühe, Salz, Pfeffer
1 TL Rosenpaprika, 1 TL Currypulver
1/2 TL Safran, 3 Paprikaschoten
6 Tomaten, 150 g roher Reis

Zuerst wird das Fleisch ca. 1 Stunde im Essig gebeizt, dann getrocknet, in Würfel geschnitten und in viel Öl, zusammen mit den kleingehackten Zwiebeln, scharf anbraten. Nun etwas Knochenbrühe angießen, mit Salz, Pfeffer, Paprika, Curry und Safran würzen und die in Streifen bzw. Scheiben geschnittenen Schoten und Tomaten und den gewaschenen Reis dazugeben, mit der restlichen Brühe auffüllen, bis alles gut bedeckt ist. So lange bei mittlerer Hitze im Ofen ziehen lassen, bis der Reis gar und der Sud verdunstet ist.

Die »Moussaka«

500 g Hammelhackfleisch
1/8 l Olivenöl, 2 Zwiebeln
1 Ei, 150 g roher Reis
3 Knoblauchzehen, 4 Auberginen
2 Zucchini, 6 Tomaten
Salz, Pfeffer, 2 Nelken
je 1/4 l Bouillon und Weißwein

Die Fleischmasse gut würzen und mit den hellgelb angedünsteten Zwiebeln, dem Ei, dem rohen Reis und dem kleingehackten Knoblauch gut vermengen. Nun die Auberginen und die Zucchini schälen, in Scheiben schneiden und in einen irdenen Topf (evtl. Römertopf) geben, darüber die Fleischmasse, darauf die Tomatenscheiben schichten, würzen, obendrauf die Nelken legen, alles mit Brühe und Wein übergießen, gut verschließen und 1 Stunde bei 200 Grad im Backofen garen lassen (Gasherd Stufe 3).

◁ Auberginenragout, Rezept siehe Seite 41

Bulgarien

Bulgarischer Rindfleischtopf

1 kg Rindfleisch, Salzwasser
2 EL Olivenöl, 1 Zwiebel
Salz, frisch gemahlener schwarzer Pfeffer
Rosenpaprika, Edelsüßpaprika
1 Lorbeerblatt, 2 Zehen Knoblauch

Das Fleisch wird in große Würfel geschnitten und in 2 l Salzwasser ca. 1/2 Stunde gekocht. Die Fleischwürfel werden herausgenommen und beiseite gestellt. Im Olivenöl wird sodann die gehackte Zwiebel angeröstet, das Fleisch zugefügt, mit wenig Brühe aufgefüllt und gar gedünstet. Ist die Flüssigkeit verdunstet, wird kräftig gewürzt, die restliche Flüssigkeit zugegossen und das Lorbeerblatt und die zerdrückte Knoblauchzehen hineingegeben. Nun darf der Rindfleischtopf noch solange kochen, bis die Flüssigkeit auf die Hälfte reduziert ist.

Haiduken Kebab

750 g gewürfeltes Hammelfleisch
3 Zwiebeln, 100 g Schweineschmalz
1 EL Mehl, 5 Tomaten, Salz, Pfeffer
3 zerdrückte Knoblauchzehen
1/2 l Fleischbrühe, 500 g Kartoffeln
1 TL zerriebene Pfefferminzblätter
300 g möglichst frische Pfifferlinge
2 Peperoni, 3 EL gehackte Petersilie

Das Fleisch braten Sie mit den kleingewürfelten Zwiebeln im heißen Schmalz an, bestäuben es mit Mehl und rühren gut um. Sie geben die enthäuteten, in Scheiben geschnittenen Tomaten, die Gewürze, Knoblauchzehen und die Fleischbrühe zu und garen 30 Minuten im Backofen bei 200 Grad (Gasherd Stufe 3).
Danach kommen die gewürfelten Kartoffeln mit den Minzeblättern dazu und das Gericht bleibt weitere 30 Minuten im Ofen.
Nun geben Sie die geputzten Pfifferlinge und die zerkleinerten Peperoni in den Topf und füllen, falls die Flüssigkeit zu sehr eingekocht sein sollte, mit etwas Brühe auf. Der Topf bleibt weitere 30 Minuten im Backofen und wird vor dem Servieren mit der Petersilie bestreut. Wer den Kebab nicht so scharf liebt, gibt die Peperoni am Stück zu und fischt sie vor dem Auftragen wieder heraus.

Kutteltopf »Sofia«

3 Zwiebeln, 1/2 Tasse Olivenöl, 1 EL Mehl
je 3 rote und grüne Paprika, 4 Tomaten
750 g vorgekochte, streifig geschnittene Kutteln
1 EL Rosenpaprika, Salz, Pfeffer
1/2 l Fleischbrühe
2 EL gehackte Petersilie

Die würfelig geschnittenen Zwiebeln lassen Sie im heißen Öl glasig werden und bestäuben sie mit Mehl. Sie geben die entkernten, streifig geschnittenen Paprikaschoten, die enthäuteten und grob zerkleinerten Tomaten und die Kutteln dazu. Sie würzen mit Rosenpaprika, Salz und Pfeffer und gießen die Brühe auf.
Nun kocht der Topf etwa 1 Stunde bei mäßiger Hitzezufuhr leise vor sich hin und Sie bestreuen vor dem Servieren mit der Petersilie.

Güwetsch

250 g Schweinefleisch, 250 g Hammelfleisch
100 g durchwachsener Speck
50 g Schweineschmalz
3 Zwiebeln, 500 g Fleischtomaten
je 2 grüne und rote Paprikaschoten
3/4–1 l Fleischbrühe oder Würfelbrühe
2 Peperoni, 300 g Reis (Rohgewicht)
Salz, Pfeffer, 1 EL gehackte Petersilie

Das in Gulaschwürfel geschnittene Fleisch und der feingewürfelte Speck werden im heißen Schmalz kräftig angebraten und dann herausgenommen. In dem selben Fett werden nun die kleingeschnittenen Zwiebeln hellgelb gedämpft, dazu kommt die Hälfte der geschälten und geviertelten Tomaten, die in Streifen geschnittenen Paprika und die Hälfte der Fleischbrühe. Dann das Fleisch zugeben; der Topf schmort, bis das Fleisch gar ist. Nun fügt man die unzerschnittenen Peperoni, den gewaschenen Reis, die Gewürze und die andere Hälfte der Tomaten zu, gießt die restliche Brühe hinein und läßt den Güwetsch im vorgeheizten Backofen bei Mittelhitze solange garen, bis der Reis weich, aber nicht breiig ist.

Nicht vergessen, vor dem Servieren die Peperoni aus dem Topf zu fischen!

Rumänien

Fischtopf aus dem Donaudelta

Ca. 500 g Fischabgänge, (z. B. Köpfe,
Schwänze etc.)
4 Zwiebeln, 1 Lorbeerblatt, 4 Pfefferkörner
ca. 1 1/2 l Wasser, 1 TL Salz
250 g Heilbutt oder ein ähnlicher Fisch
Salz, frisch gemahlener schwarzer Pfeffer
1 kg Fisch in dicken Scheiben,
z. B. Hecht oder Äsche
3 Knoblauchzehen, 1/2 TL Salz
1 Salatgurke (ca. 500 g), 2 EL Apfelessig

Aus allen Fischabfällen, auch Gräten, können Sie eine kräftige Brühe kochen. Sie geben die grob gehackten Zwiebeln, die Gewürze, kaltes Wasser und Salz in den Topf, lassen aufkochen um dann die Brühe etwa 30 Minuten ziehen zu lassen. Die Fischbrühe gießen Sie durch ein Haarsieb und drücken mit dem Kartoffelstampfer die Fischabfälle sowie die Zwiebelstückchen kräftig aus.

Den Heilbutt haben Sie inzwischen entgrätet, enthäutet und grob gehackt. Dieser gehackte Fisch kommt nun in die Brühe, wird in ihr zum Kochen gebracht und simmert leise etwa 15 Minuten im unbedeckten Topf. Der Topfinhalt wird wieder durch ein Sieb gestrichen und in den Topf zurückgegossen. Sie würzen mit Salz und Pfeffer und legen die Fischscheibchen in die Brühe. Die Brühe wird wieder bis zum Sieden erhitzt, dann wird die Wärmezufuhr gedrosselt und der Fisch zieht je nach Art 5 bis 8 Minuten.
Die Knoblauchzehen hacken Sie ganz fein und vermischen sie im Mörser mit dem Salz. In einem kleinen Topf verschlagen Sie einen 1/4 l Fischbrühe mit der Knoblauchpaste und reichen diese Soße gesondert. Die Salatgurke schälen, entkernen, in kleine Würfel schneiden und in die Suppe geben. Sie schmecken mit dem Apfelessig ab und servieren zum Fischtopf ein kräftiges Brot.

Klausenburger Krauttopf

5 Zwiebeln, 100 g Schweineschmalz
300 g Schweinefleisch, 400 g Räucherspeck
1 kg Sauerkraut, 180 g roher Reis
200 g Salami (Eselssalami)
1/4 l saure Sahne, 1 EL Rosenpaprika
Salz, weißer Pfeffer, evtl. 1/4 l Fleischbrühe

Beginnen Sie mit den gewürfelten Zwiebeln, die Sie im erhitzten Schmalz anrösten, geben Sie dann das kleingeschnittene Schweinefleisch und den gewürfelten Rauchspeck dazu und lassen Sie alles ein wenig dünsten.

Nun kommen in eine gut gefettete Kasserolle zuerst eine Lage Sauerkraut, dann ein Teil vom Reis, etwas Fleisch, danach wieder Kraut, eine Schicht gewürfelte Salami, und so geht es weiter, bis alle Zutaten schichtweise im Topf sind. Auch hier soll die oberste Schicht aus Kraut bestehen. Nun das Ganze mit der mit Paprikapulver verrührten sauren Sahne übergießen, mit je 1/2 TL Salz und Peffer würzen, bei Bedarf mit etwas Fleischbrühe angießen und zugedeckt bei ca. 175 Grad (Gasherd Stufe 2) im Ofen rund 2 Stunden garen lassen.

Ungarn

Haben Sie schon einmal einen Rinderhirten gegessen? Wohl kaum, denn Sie sind ja kein Kannibale. Aber bestellt haben Sie ihn gelegentlich, im Restaurant, oder gar selbst zubereitet, am heimischen Herd. Seien Sie versichert, Sie haben. Denn »Gulyás« heißt im Ungarischen nichts anderes als »Rinderhirte«! Und sein Leibgericht nennt er »Gulyás hus«, also Rinderhirtenfleisch. Es hat eine sehr lange Tradition, die längste Zeit davon ohne Paprika, der erst zu Beginn unseres Jahrhunderts in den ungarischen Kochbüchern zögernd erwähnt wird, obwohl schon Kolumbus eine Abart davon aus Amerika nach Spanien mitbrachte. Die Ungarn würzen übrigens – entgegen der landläufigen Meinung – viel lieber mit Paprikasorten, die etwas süßlich sind, mehr pikant als scharf und viel milder als Cayennepfeffer oder Curry. Und sie sind nicht nur auf ihr Gulyás eingeschworen, sondern kennen und schätzen daneben auch noch »Pörkölt« (mit größeren Fleischstücken von fetteren Tieren), »Tokány« (mit Pilzen, Spargeln und Petersilienwurzeln) und schließlich das ihrer Meinung nach feinste der vier Gerichte, »Paprikás« (mit Fisch, Huhn, Lamm- oder Kalbfleisch). Eines dürfen wir Ihnen noch raten: Bereiten Sie nie zuwenig; Kenner behaupten, daß es aufgewärmt am besten schmeckt, das Gulyás, weil es dann lange genug durchgezogen hat und so zu einer unvergleichlichen Geschmackssymbiose »gereift« ist.

Entenpaprikás, Rezept siehe Seite 48 ▷

Gulyás

300–400 g Suppenknochen
(Fleischknochen und krause Knochen)
70 g Schweineschmalz oder das ausgelassene
Fett von 100 g Räucherspeck
2 große Zwiebeln, 1 EL Edelsüßpaprika
500 g Rindfleisch von der Wade
1 Messerspitze Kümmel, 10 Pfefferkörner
2 Knoblauchzehen, 1 TL Salz
1 Bund Suppengemüse, 1 Tomate
1 Paprikaschote, 400 g Kartoffeln
Teig für die Suppeneinlage aus:
100 g Mehl, 1 Ei, 1 Prise Salz, Wasser

Die Knochen kochen Sie in 2 l Salzwasser zur Brühe. In einem anderen großen eisernen Topf zerlassen Sie das Schmalz oder Sie lassen den Speck unter ständigem Rühren aus. Sie geben die feingeschnittenen Zwiebeln dazu und dünsten sie glasig. Dann mischen Sie das Paprikapulver unter – nehmen dafür aber den Topf vom Feuer, damit es nicht verbrennt. Der Paprika würde sonst bitter schmecken.

Sie waschen das Fleisch, trocknen es ab, schneiden es in Würfel und wenden es mehrmals im Paprikafett. Sie würzen mit Kümmel, Pfefferkörnern und dem zerdrückten Knoblauch. Jetzt kommt der Topf wieder aufs Feuer. Unter ständigem Rühren andünsten und dann ca. 1 1/2 l heißes Wasser zugießen. Sie decken den Topf zu und kochen auf kleiner Flamme ca. 1 Stunde. Das verdunstete Wasser sollte immer wieder nachgefüllt werden. Nun wird gesalzen und das zerkleinerte Suppengemüse, die grob zerschnittene Tomate und Paprikastücke kommen zum Fleisch. Sie gießen die Flüssigkeit mit der durchgesiebten Knochenbrühe auf und lassen das Gericht nochmals 1 Stunde kochen.

Dann geben Sie die Kartoffeln in Würfeln und den gekneteten und gezupften Suppenteig zum Gulyás und kochen noch 20 Minuten. Sehr heiß servieren und knuspriges Bauernbrot dazustellen.

Enten-Paprikás

600 g Entenbrust, 2 Zwiebeln
1 Sellerieknolle, 150 g Champignons
2 rote Paprikaschoten
2 EL Butter, 1/2 EL Mehl
2 TL Paprika edelsüß
1/2 TL Paprika »rosenscharf«
Pfeffer, Salz
1/2 l Geflügelbrühe, Saft einer Zitrone
1/8 l saure Sahne

Die Entenbrüstchen in mundgerechte Stücke, Zwiebeln, Sellerie, Champignons und Paprika klein schneiden. In einer Kasserolle die Butter erhitzen, darin die Zwiebeln leicht anrösten, die mit Mehl bestäubten Entenstücke unter gelegentlichem Umwenden 5 Minuten anbraten und alle anderen Zutaten – außer der Sahne – dazugeben und zugedeckt 25–35 Minuten bei mäßiger Hitze schmoren lassen. Vor dem Anrichten die Sahne unterziehen.

Kaninchen-Pörkölt

3/4 l Rotwein, 1 Lorbeerblatt
2 Nelken, 6 Wacholderbeeren
1 Prise Rosmarin, 3 Pfefferkörner
1 kg Kaninchenfleisch (Keulen und Rücken)
100 g durchwachsener Speck
2 Zwiebeln, 1 EL Schweineschmalz
1 Knoblauchzehen, 6 Tomaten
2 EL Rosenpaprika, Salz
1 Prise Zucker, 1/8 l saure Sahne

Bereiten Sie eine Beize aus Rotwein, Lorbeerblatt, Nelken, Wacholderbeeren, Rosmarin und Pfefferkörnern. Dahinein kommen die zerkleinerten Kaninchenteile und dort verbleiben sie 24 Stunden.

Speck und Zwiebeln würfeln, Knoblauchzehe zerdrücken. Die Speckwürfel im heißen Schmalz auslassen und das Fleisch darin kräftig anbraten, dann erst Zwiebeln und Knoblauchzehe dazugeben und mitbräunen, mit der Beize ablöschen und 1 1/4 Stunden bei mäßiger Hitze schmoren. Die enthäuteten und kleingeschnittenen Tomaten zum Schluß dazugeben, mit Paprika, Salz und Zucker würzen und nochmal 10 Minuten köcheln lassen. Mit der sauren Sahne abschmecken.

Slowakei, Tschechien

Die gesamte Küchenkunst dieser Region kann man in zwei einfachen Worten zusammenfassen: Bier und Eintopf. Schließlich mußte man zu dem berühmten Pilsener Bier die passenden Speisen und eine ganze Skala von Saucen erfinden, um den Geschmack des Eintopfes, des im ganzen Lande bevorzugten Gerichtes, zu verbessern. Ein Tscheche kann noch soviel der herrlichen Würstchen (›parky‹ und ›wursti‹) als Vorspeise verschlungen haben – für seinen Lieblingseintopf bleibt immer Platz genug im Magen.

Slowakischer Sauerkrauttopf

30 g getrocknete Steinpilze, 2 Zwiebeln
5 EL Sonnenblumenöl, 1 EL Edelsüßpaprika
3–4 Pimentkörner, 2–3 Lorbeerblätter
6–8 Pfefferkörner
400 g Schweineschulter, 300 g Sauerkraut
1 l Wasser, 1/2 l herber Weißwein
200 g Rauchwurst, 1/4 l süße Sahne
2 EL Mehl, Salz

Die Pilze weichen Sie in heißem Wasser etwa 30 Minuten ein. In einem großen eisernen Topf dünsten Sie im heißen Öl die gehackten Zwiebeln glasig. Sie geben die Gewürze zu sowie die ausgedrückten und etwas zerkleinerten Pilze. Das Fleisch schneiden Sie in mundgerechte Würfel, geben es ebenfalls in den Topf und kochen es sanft während 20 Minuten. Ab und zu einmal umrühren und eventuell etwas Wasser zugießen, damit das Fleisch nicht anbrennt. Nun kommt das Sauerkraut, mit einer Gabel zerzupft, in den Topf. Sie gießen 1 l Wasser und 1/2 l Weißwein zu, legen die Rauchwurst obenauf und kochen das Gericht ca. 1 Stunde. Wenn das Sauerkraut und das Fleisch gar sind, nehmen Sie die Lorbeerblätter und die Wurst heraus.
Die Wurst schneiden Sie in dicke Scheiben und geben sie wieder in den Topf. Die Sahne verrühren Sie gut mit dem Mehl und quirlen sie in den Eintopf. Noch kurz aufkochen lassen und sofort mit frischem Bauernbrot servieren.

Böhmisches Bierfleisch

500 g gewürfelte Schweineschulter
1 EL Rosenpaprika, 2 große Zwiebeln
50 g Schweineschmalz, 1 TL Kümmel
1/2 l Pilsener Urquell
1 Tasse geriebenes Schwarzbrot, Salz
1/2 TL frisch gemahlener schwarzer Pfeffer

Das Schweinefleisch am besten mit den Händen mit dem Paprikapulver vermischen. Die Zwiebeln nicht zu fein hacken und im ausgelassenen Schweineschmalz hellbraun anrösten. Dann das Schweineschmalz zugeben und unter Rühren etwa 5 Minuten mitbraten. Anschließend den Kümmel zugeben und die Hälfte des Bieres. Nun kommt der Deckel auf den Topf und das Bierfleisch darf eine Dreiviertelstunde nicht zu stark kochen. Nach dieser Zeit werden das Schwarzbrot und das restliche Bier zugegeben und alles köchelt noch 15 Minuten weiter.
Zum Schluß wird mit Salz und Pfeffer abgeschmeckt und das Bierfleisch entweder mit Kartöffelchen oder Semmelknödeln – und natürlich einem Pilsener Urquell zu Tisch gebracht.

Prager Kartoffeleintopf

1 kg Rinderbrust, 2 Bund Suppengrün
1 1/2 l Wasser, Salz, 1 kg Kartoffeln
2 EL Butter, je 100 g Pfifferlinge
Steinpilze und Champignons
Muskat, Pfeffer, Salz
250 g Prager Schinken, 2 EL gehackte Petersilie

Rindfleisch und Suppengrün in etwa 1 1/2 l gesalzenem, kaltem Wasser aufsetzen und 1 1/2 Stunden kochen. Nun das Suppengrün herausnehmen, zerkleinern und mit den in Würfeln geschnittenen Kartoffeln wieder dazugeben, desgleichen die vorher in der Butter angeschwenkten Pilze, und weitere 30 Minuten kochen lassen.
Fleisch herausnehmen, klein schneiden, wieder einlegen, nachwürzen und den in Streifen geschnittenen Schinken obenauf legen, 10 Minuten ziehen lassen und mit Petersilie überstreuen.

Budweiser Kuttelfleck

750 g Kuttelflecke (auch Kaldaunen genannt)
Salz, 1 Zwiebel, 2 Möhren
1/2 Selleriekopf, 1 Petersilienwurzel
2 Stangen Lauch, 2 Zehen Knoblauch
6 Pfefferkörner, 1 TL Majoran, Salz
1/2 TL Ingwer, 1 TL Schmalz, 1 TL Mehl
200 g gekochtes, feingeschnittenes Selchfleisch
1 EL gehackte Petersilie

Die Kuttelflecke müssen sorgfältig gewaschen und abgebrüht werden. Dann setzt man sie mit Salz, Zwiebel, allen Gemüsen und den Gewürzen in kaltem Wasser auf und läßt sie ca. 2 Stunden kochen.
Jetzt die Kuttelflecke und das Gemüse herausnehmen, klein schneiden und wieder in die Brühe geben. Das Mehl in dem Schmalz anrösten, in die Brühe einrühren, das Selchfleisch zugeben, ein paar Minuten ziehen lassen und vor dem Servieren mit der Petersilie überstreuen.

Kartoffeleintopf ▷

Polen

Bigos – der polnische Nationaleintopf

125 g Gänseschmalz, 2 Zwiebeln
1 Apfel, 1 kg Sauerkraut
1 Lorbeerblatt, Pfeffer
Piment, Wacholderbeeren, 1 TL Kümmel
200 g Schinken (gekocht)
100 g Bauchspeck, 125 g Knoblauchwurst
250 g Kalbfleisch zum Kochen
250 g Schweinekamm
Salz, 1/10 l Weißwein

In einer großen Kasserolle das Gänseschmalz erhitzen, Zwiebeln und Apfel (beides kleingeschnitten) darin anrösten, Sauerkraut darüber zupfen, unter ständigem Wenden weiterrösten, bis das Kraut Farbe angenommen hat. Lorbeer, Pfeffer, Piment, Wacholderbeeren, Kümmel und Salz dazugeben, mit Wasser auffüllen (knapp bedeckt) und ca. 15 Minuten schmoren lassen. Schinken, Speck, Knoblauchwurst, Kalb- und Schweinefleisch in Würfel schneiden und in den Topf geben, Deckel drauf, eine Stunde im Backofen bei 220 Grad (Gasherd Stufe 3–4) garen lassen. Zum Schluß mit Salz, Pfeffer und dem Wein pikant abschmecken.

Der Bigos ist richtig, wenn er dunkel, glänzend und scharf ist. Aufgewärmt schmeckt er wesentlich besser, also sollte man ihn einige Tage vor dem Gebrauch kochen und jeden Tag ein wenig anwärmen. Dazu ißt man in Polen lockeres Schwarzbrot und trinkt ein kühles Bier und einen kräftigen Schnaps (Zobrowka).

Polnische Barszcz

Es gibt Kenner »harter« Getränke, die dem polnischen Wodka bei weitem den Vorzug vor dem russischen geben. Und es gibt Feinschmecker, die Polens Barszcz der russischen Borschtsch vorziehen.

1 l Barszcz (das ist – wie für Borschtsch auf Seite 54 – der Saft von eingesäuerten roten Rüben)
500 g Rinderbrust, 250 g Schweinebauch
Salz und Pfeffer, 1 Bund Suppengrün
2 rohe rote Rüben, 2 gelbe Rüben
1/2 Selleriekopf, 1/2 Wirsingkohl
250 g Mischpilze, 4 Selchwürste (Kochwürste)
3 Schwarzbrotscheiben
1/8 l saure Sahne, 3 EL gehackter Dill

In dem Rübensaft wird alles gewürzte Fleisch samt Suppengrün ca. 1 1/2 Stunden gekocht. Dann das Suppengrün herausnehmen und alles Gemüse, samt den Pilzen, in Streifen geschnitten dazugeben und weitere 30 Minuten kochen. Jetzt das Fleisch herausnehmen, in Würfel schneiden und mit den Würsten und den zerzupften Brotschnitten wieder zufügen. Zum Schluß die Sahne darübergießen und mit Dill bestreuen.

Warschauer Kuttelfleck

- 500 g Rinderfleck (Kutteln), vom Metzger fertig gekocht und geputzt
- 2 Markknochen, 2 krause Knochen
- 2 Möhren, 1 kleine Lauchstange
- 1 Stück Sellerie, 1 Tomate
- 1 Petersilienwurzel ca. 1 l Wasser
- gekörnte Brühe
- Butter, 2 Zehen Knoblauch
- 1 große Schnitte Bauernbrot
- Salz, frisch gemahlener schwarzer Pfeffer
- Ingwerpulver

Kochen Sie aus den Knochen, dem zerkleinerten Suppengemüse und der gekörnten Brühe als Würze eine Gemüsebrühe. Nach ca. 30 Minuten entfernen Sie die Knochen, lösen das Mark aus und geben es kleingeschnitten wieder in die Brühe zurück. Sie erhitzen die Kutteln in der Brühe, zerlassen in der Pfanne Butter und braten darin die sehr fein gehackten Knoblauchzehen und die Brotwürfel an. Diese angerösteten Brotwürfel füllen Sie in eine Terrine und gießen die zuvor mit den Gewürzen abgeschmeckte, heiße Suppe darüber.

Russland

Im allgemeinen behauptet man von der russischen Küche, daß sie eine ideale Symbiose der westlichen und orientalischen Kulinaris darstelle. In der Tat weiß man bei vielen Gerichten nicht, wo der Okzident aufhört und der Orient anfängt. Größtes Unterscheidungsmerkmal ist wohl die starke Verwendung von ›smitána‹, von Rahm und roten Rüben. Alle Russen schwärmen von allen Arten Kohl, Zwiebeln, Möhren, Gurken und Rüben, was den Eintöpfen zugute kommt.

Stchy – ein sibirischer Eintopf

- 2 Kalbshachsen, 1 Suppenhuhn
- 2 l Fleischbrühe
- 100 g Butter, 100 g Mehl
- 4 Stangen Lauch, 1 Selleriekopf
- 2 Petersilienwurzeln, 6 Möhren
- 1 Wirsingkopf, Salz, Pfeffer
- 1/4 l saure Sahne

Die Hachsen und das Huhn in kräftig gewürzte, kochende Fleischbrühe geben und ca. 1 3/4 Stunden garkochen.

Dann das Fleisch herausnehmen, die Butter mit dem Mehl verkneten, mit einem Schneebesen nach und nach in die Brühe einrühren, Lauch, Sellerie, Petersilienwurzeln und Möhren, alles kleingeschnitten, dazugeben, 15 Minuten kochen lassen, dann erst den in mundgerechte Stücke geschnittenen Wirsing zufügen und nochmal ca. 1/2 Stunde köcheln lassen. Zum Schluß kommt das zerkleinerte Fleisch wieder in den Topf. Die Sahne unterziehen oder extra dazu reichen und im Bedarfsfall nachwürzen.

Die Borschtsch

5 große rote Rüben, 1/2 kg Rinderbrust
1/2 kg Schweinekamm, 1/2 kg Räucherspeck
2 Zwiebeln, 2 Lorbeerblätter
2 Knoblauchzehen, 1 1/2 l Fleischbrühe
1 kleiner Weißkrautkopf
100 g Schweineschmalz
Salz, Pfeffer, 1/4 l saure Sahne

Die roten Rüben müssen (wenn die Borschtsch echt sein soll!) eine Woche vorher geschält und mit kaltem, vorher abgekochten Wasser bedeckt in einem irdenen Gefäß, das mit einem Tuch bedeckt ist, in einen warmen Raum stehen, damit sie gären (eine Scheibe Schwarzbrot beschleunigt diesen Prozeß noch). So hat der Saft die rechte rote Farbe.

Alsdann: Alles Fleisch mit Zwiebeln, Lorbeerblättern und Knoblauch in der Brühe gar kochen. Inzwischen lassen Sie das feingeschnittene Kraut in heißem Schweineschmalz in einer Kasserolle langsam dünsten, bis es weich ist.

Wenn das Fleisch gar ist, schneiden Sie es in mundgerechte Stücke und geben alles aus dem Fleischtopf in die Kasserolle auf das Kraut. Darüber gießen Sie den durchpassierten Rübensaft und lassen alles nochmal 5 Minuten ziehen. Mit Salz und Pfeffer abschmecken und mit kleinen Sahneklecksen garnieren.

Skandinavien

Fischschmaus aus Narvik

2 kg Rotbarsch, 1 Zwiebel
1 Stange Lauch, 1/2 l Fischsud
2 EL Tomatenmark, 1 EL Butter
1 dicke Scheibe geräucherter,
durchwachsener Bauchspeck
1 EL Mehl, 1 Glas Sherry, Salz
Für die Fischbällchen:
das Fleisch des Rotbarschs
Mehl, einige EL Butter und Sahne
Salz, Pfeffer, Muskatnuß

Man stellt einen Fischsud aus den Abgängen des Fisches her (Kopf und Gräten, gewürzt mit Wacholderbeeren, Lorbeerblatt, einer Nelke, Pfefferkörnern, Salz) der ca. 1/2 Stunde köcheln muß. Dahinein kommen alle geputzten, gewaschenen und kleingeschnittenen Gemüse, die man eine gute Stunde kochen läßt, danach durch ein Sieb passiert und mit dem Tomatenmark vermischt.
In einer Kasserolle die Butter mit dem gehackten Speck und dem Mehl anrösten, den passierten Fischsud dazugeben und 5 Minuten unter gelegentlichem Umrühren kochen lassen, mit Sherry und Salz abschmecken und die Fischbällchen einlegen, die man folgendermaßen zubereitet: der gekochte und durchgedrehte Fisch wird mit Mehl, Butter, Sahne, Salz, Pfeffer und Muskatnuß vermengt und zu Bällchen geformt.

Kopenhagener Erbsentopf

250 g durchwachsener Räucherspeck
3 Zwiebeln, 3 gepökelte Gänsekeulen
500 g gelbe, geschälte Erbsen
250 g Möhren, 1/2 Sellerieknolle
1 Stange Lauch, 500 g Kartoffeln
1/2 TL Ingwerpulver, 1 Lorbeerblatt
1 Messerspitze weißer Pfeffer
1/2 TL Salz, 3 EL Weißbrotcroutons
1 EL gehackte Petersilie

Den Speck würfeln, in einer Pfanne auslassen und die kleingehackten Zwiebeln darin hellgelb anbraten, dann die Gänsestücke dazugeben. Von den über Nacht eingeweichten Erbsen gießen Sie das Wasser ab, schütten die Erbsen in eine Kasserolle und gießen soviel frisches Wasser auf, daß sie gut bedeckt sind.
Nun geben Sie den Inhalt der Pfanne, das geputzte und zerkleinerte Gemüse und alle Gewürze dazu und lassen alles solange kochen, bis Gemüse und Kartoffeln zu Brei geworden sind und man das Gänsefleisch mit dem Löffel zerkleinern kann. Zum Schluß garnieren Sie mit gerösteten Weißbrotwürfeln und Petersilie.

Den Räucherspeck können Sie auch mit der entsprechenden Menge des durch die Engländer weltberühmt gewordenen dänischen »bacon« ersetzen, jenem unvergleichlichen, hauchdünn geschnittenen Frühstücksspeck. So bereitet man den Erbsentopf in einigen Kopenhagener Altstadtrestaurants, in die sich selten Touristen verirren. Ich hatte das Glück, ihn als Privatgast von einer wohlproportionierten dänischen Hausfrau vorgesetzt zu bekommen. Fazit: Wohl denen, denen Dänen nachstehen.

Finnisches Wintermärchen

4 Schweinesteaks vom Kamm, je ca. 150 g
2 grüne Heringe, 500 g gekochte Kartoffeln
5 Zwiebeln, 100 g Butter, Pfeffer, Salz
50 g Semmelbrösel, 1/8 l Weißwein
50 g Reibkäse

Die Steaks breitklopfen und die Heringe enthäuten und filieren, die vorgekochten Kartoffeln schälen und in feine Scheiben schneiden, desgleichen die Zwiebeln. In einen ausgebutterten irdenen Topf legt man eine Schicht Kartoffelscheiben, eine Schicht Zwiebeln darüber, dann die gewürfelten Heringsfilets und obenauf die zuvor angebratenen und gewürzten Steaks; darauf wieder Kartoffeln und Zwiebeln. Mit Semmelbrösel bedecken, den Weißwein angießen und mit Reibkäse bestreuen. Dann mit dem Deckel verschließen und im Backofen rund eine Stunde garen lassen. In den letzten zehn Minuten den Deckel abnehmen und kräftig bräunen lassen. Bei Bedarf noch etwas Flüssigkeit (Bouillon) nachgießen.

Grossbritannien

Schon Carl Brinitzer war der Meinung, daß es unter den Englandreisenden nur die wahren Gastrosophen sind, die Lieblinge aus der Herde Epikurs, die erkannt haben, daß es dort Nationalgerichte gibt, um die alle Welt die britische Küche beneiden kann. Kaum zu glauben, wenn man mal eine Weile nur von ›fish and chips‹ gelebt hat. Aber das typische britische ›understatement‹ macht sich auch am Herd breit. Wir wagen zu behaupten: Die Engländer *können* kochen! Und die Iren! Sogar die Schotten ...

Pikanter Nierentopf

2 schöne Ochsennieren (ca. 600–700 g)
2 l Wasser, 1 mittelgroßer Selleriekopf
2 Stangen Lauch, Salz, Pfeffer, Ingwer
2 EL Mondamin

Die Nieren müssen sorgfältig gewaschen und von eventuellen Blutgerinnseln befreit werden. Dann werden sie in mehrere Stücke zerschnitten und mit dem Wasser aufs Feuer gesetzt. Sie werden einige Male abgeschäumt und dann kommen der geputzte, in kleine Stücke geschnittene Sellerie und die Lauchringe dazu. Sie würzen sparsam und lassen die Nieren etwa 3/4 Stunden leise, aber stetig kochen, bis sie weich sind. Die Brühe wird nun durch ein Sieb gegossen, man läßt sie aufkochen und schlägt das angerührte Mondamin hinein. Die Gemüsestückchen kommen dazu und die in mundgerechte Stücke geschnittenen Nieren. Sie schmecken den Nierentopf ab und würzen eventuell noch nach.

Lancashire Hotpot

750 g Lammfleisch (Nacken)
2 Zwiebeln, 2 Lammnierchen
750 g Kartoffeln, 150 g frische Champignons
12 Austern, ohne Schale
2 Stangen Staudensellerie
3 EL flüssige Butter, Salz, Pfeffer
Majoran, 1/2 l Fleischbrühe

Fleisch, Zwiebeln, Nierchen, Kartoffeln und Champignons in Scheiben schneiden, Austern entbarten (Flüssigkeit aufheben) und den Staudensellerie in Stücke schneiden. Die flüssige Butter in eine Kasserolle geben und nacheinander einschichten: Kartoffeln, das gewürzte Fleisch, die Zwiebeln, Champignons, Nierchen und Austern, würzen, auffüllen mit der Austernflüssigkeit und der Brühe – und den Rest der Kartoffeln darübergeben. Mit einem gebutterten Stück Pergamentpapier abdecken und in den vorgeheizten Backofen (200 Grad bzw. Gasherd Stufe 3) geben. 2 Stunden garen lassen. In den letzten 20 Minuten Papier entfernen, damit die Kartoffeln schön bräunen können.

Irish Stew, klassisch

1 kg Hammelnacken, 1 1/2 kg Kartoffeln
500 g Zwiebeln, 1 kg Weißkraut
Salz, schwarzer Pfeffer
2 Lorbeerblätter, 1 TL Kümmel
1 Zweig Bohnenkraut, Majoran
Muskat, 2 l Brühe

Das Fleisch entfetten und in mundgerechte Stücke schneiden, die möglichst kleinen Kartoffeln schälen und halbieren, die Zwiebeln in dicke Scheiben schneiden und das Weißkraut zerkleinern. Geben Sie Kartoffeln und das Weißkraut zuerst in die Kasserolle, dann das Fleisch, nochmal Kartoffeln und Weißkraut, und alle anderen Zutaten obenauf. Mit Brühe aufgießen, Topf fest verschließen und ca. 21/2 Stunden leicht simmern lassen.
Das Stew darf nicht anhängen, also öfter kurz umrühren. Ein Irish Stew sollte dick, also cremig sein – und sehr gut gewürzt. In manchen Gegenden gibt man auch noch getrocknete Pflaumen dazu. Aber das sei Ihrem Gusto überlassen.

Wir haben Ihnen das einfachste und originellste Rezept zitiert. Alle Abarten – mit Wirsingkohl, Möhren etc. – können, müssen aber nicht sein und werden von manchen Iren als Sakrileg empfunden.

»Drunken Rabbit«

(Schottischer Hasentopf
in Rotwein und Whisky)

das entbeinte Fleisch eines großen Kaninchens
Mehl, 5 große Zwiebeln
50 g Butter, 250 g Bauchspeck
Whisky zum Flambieren
1/2 l Rotwein
Suppengrün, Salz
grob gemahlener schwarzer Pfeffer
1 Prise Cayennepfeffer, 1/2 l Fleischbrühe
Cumberlandsauce

Das Fleisch in mundgerechte Stücke schneiden, in Mehl wälzen und mit den gewürfelten Zwiebeln anbraten, den gewürfelten Speck dazugeben, glasig werden lassen – den Whisky in einer warmen Schöpfkelle entzünden und brennend über das Fleisch geben.
Nochmals mit Mehl bestäuben, Rotwein zugeben, das Suppengrün, gebunden, dazugeben, ebenfalls Salz, Pfeffer und die Prise Cayennepfeffer. Mit der Fleischbrühe so auffüllen, daß alles bedeckt ist. Zudecken und bei ca. 200 Grad (Gasherd Stufe 3) schmoren lassen. Am Schluß das Suppengrün entfernen und 2 EL Cumberlandsauce unterrühren.

Nordafrika

Noch immer macht sich in der Nordafrikanischen Gastronomie, von Tunesien bis Marokko, der Einfluß der französischen Kultur und Sprache bemerkbar – auch in Ägypten, trotz britischer Kolonialherrschaft. In den Hotelpalästen und Spitzenrestaurants werden Sie vergeblich einheimische Gerichte auf der Karte suchen; allenfalls gibt es mal, der Exotik halber, eine Art Cous-Cous-Verschnitt. Dagegen leisten sich die begüterten Privathaushalte den Luxus zweier Küchen, einer europäisch-französischen und einer einheimisch-arabischen. Dem Gast ist man natürlich bemüht, nach »gewohnter Zunge« zu kochen. Aber die Freude ist groß, wenn der Feinschmecker nach einem der Traditionsgerichte verlangt. Das als kleiner Tip, falls Sie einmal das Vergnügen haben sollten, wie es dem Autor geschah, privat eingeladen zu werden.

Cous Cous

400 g grober Grieß oder »Cous-Cous-Grieß«
Wasser, Salz
1/2 Huhn (ca. 500 g), 500 g Hammelbrust
3 EL Olivenöl, 1/2 l Wasser
2 Artischocken (Böden und Blätter getrennt)
3 Tomaten, 2 Zucchini, 1 Zwiebel
100 g Bohnenkerne von grünen Bohnen
(macht ein bißchen Arbeit!), Natron
100 g eingeweichte, vorgekochte Kichererbsen
1 Nelke, 1 TL scharfer roter Pfeffer
1 Prise Kümmel, 1 Messerspitze Zimt
1 TL Curry, 1/2 TL Safran, Salz
70 g Butter

Zuerst wird der eigentliche Cous Cous zubereitet. Dazu brauchen Sie ein großes hölzernes Kuchenbrett. Darauf den Grieß schütten und mit wenig leicht gesalzenem Wasser anfeuchten, 15 Minuten stehen lassen und dann gut mit den Händen durchkneten, dann mit gestreckten Fingern solange reiben, bis sich kleine, pfefferkorngroße Kügelchen bilden; danach sieben, um den überschüssigen Grieß abzusondern, und zum Trocknen auf einem Tuch ausbreiten.

◁ Cous Cous

Das vorbereitete Huhn und das Hammelfleisch in Stücke schneiden und im heißen Öl in einem möglichst hohen, engen Topf anbraten, mit Wasser bedecken, bei mäßiger Hitze zum Kochen bringen, abschäumen.
Die Artischocken sollten Sie vorher separat abgekocht und die Blätter von den Böden getrennt haben (Blattspitzen abschneiden).
Jetzt kommen in den Topf: Die zerkleinerten Artischockenböden und die Blätter, die geschälten Tomaten, die in Scheiben geschnittenen Zucchini, die kleingehackte Zwiebel, die Bohnen und die in Natronwasser halbgar vorgekochten Kichererbsen, samt sämtlichen Gewürzen.
Nun wird es etwas kompliziert: Der Cous Cous muß in einem Haarsieb (wenn Sie nicht den dafür erforderlichen Spezialeinsatz haben sollten!) in den Topf eingehängt werden, ohne das Wasser zu berühren. Über den Topf legen Sie ein Tuch, darüber den Deckel (es soll möglichst kein Dampf entweichen, da sonst der Grieß nicht richtig gar wird) – und nun lassen Sie das Gericht langsam ca. 2 Stunden kochen.
Serviert wird der Grieß in einer großen Terrine, mit Butter vermischt, mit Fleischstückchen bedeckt und mit Gemüse rundherum garniert.
Die durchgesiebte Brühe wird aufbewahrt oder voraus serviert und ergibt eine ausgezeichnete Suppe.

Tunesische Schakschuka

2 große Zwiebeln
250 g Paprikaschoten, rot und grün
500 g Knoblauchwurst, 500 g Tomaten
5 EL Sesamöl
1/2 TL Harissa (scharfe rote Paprikapaste)
1 Messerspitze gemahlener Kümmel
2 Zehen Knoblauch (zerdrückt)
1 TL Salz, 1 TL Rosenpaprika
1/4 l Fleischbrühe, 4 Eier

Die Zwiebeln schälen und in Ringe schneiden, Paprikaschoten putzen, in große Stücke und die Wurst in Scheiben schneiden, die Tomaten abziehen und vierteln.
In einem Topf Öl erhitzen und Zwiebelringe darin anbräunen, alles Gemüse, die Wurst und alle Gewürze dazugeben, mit der Fleischbrühe auffüllen und ca. 1 Stunde garen lassen.
Vor dem Servieren 4 Vertiefungen in das Gemüse drücken, je ein Ei hineinschlagen und stocken lassen.

Magluba ein Beduinentopf

4 Auberginen, 750 g Hammelkeule
3 Zwiebeln, 3 Knoblauchzehen
2 EL Pinienkerne, 3 EL Hammelfett
100 g roher Reis, Pfeffer, Salz
Fleischbrühe, Saft einer halben Zitrone

Die geschälten und in Würfel geschnittenen Auberginen, die mundgerechten Hammelstücke, die kleingehackten Zwiebeln und Knoblauchzehen und die Pinienkerne in sehr heißem Hammelfett in einer Pfanne anbraten und bräunen.
Nun den Boden einer Kasserolle mit reichlich Hammelfett bedecken, darauf eine dünne Schicht rohen Reis streuen und darüber die Fleischstücke mit Zwiebeln und Pinienkernen verteilen, dann erst darüber die Auberginenstücke und zum Schluß wieder eine Lage Reis schichten. Alles kräftig pfeffern und salzen, mit soviel Fleischbrühe aufgießen, so daß sie über den festen Teilen steht. Zugedeckt bei 220 Grad im Ofen garen (Gasherd Stufe 3–4).
Das Gericht muß so fest sein, daß man es stürzen und in Portionsstücke schneiden kann. Dazu ißt man frische Tomaten und Joghurt. Der Zitronensaft wird separat zum Nachwürzen gereicht.

Israel

Jahrhundertelang hat die jüdische Küche ihre Rituale und Tabus bewahrt. Die kaum einer anderen Religion vergleichbaren strengen Vorschriften haben ein ebenso kompliziertes wie kunterbuntes kulinarisches Zeremoniell geschaffen. Trotz der unübersehbaren Auflockerung der Traditionen gelten auch heute noch die strengen Gesetze über »koscheres« Essen. Schweinefleisch ist verboten; erlaubt ist nur das Fleisch der grasfressenden Wiederkäuer mit gespaltenem Huf – und kein Fisch ohne Flossen und Schuppen darf auf den Tisch kommen. Es heißt übrigens wirklich *der* Kugel (oder Kuggel), eine Art Fischpudding, der von den osteuropäischen Juden eingeführt wurde.

Fleisch-Tscholent

2 Tassen weiße oder rote Bohnen
1 1/2 kg Rinderbrust
4 Zwiebeln, 2 Knoblauchzehen
3 EL Rindertalg, Salz, Pfeffer
1/2 TL Ingwerpulver, 1 Tasse Gerste
2 TL Rosenpaprika, 2 EL Mehl

Die Bohnen über Nacht einweichen. Das zerkleinerte Fleisch und die gehackten Zwiebeln und Knoblauchzehen werden im sehr heißen Talg angebraten, mit Salz, Pfeffer und dem Ingwerpulver bestreut; dazu kommen die Gerste und die Bohnen, die mit Paprika und Mehl überstäubt werden. Nun mit Wasser übergießen, daß es zweifingerbreit darüber steht, die Kasserolle fest verschließen, bei mittlerer Hitze ca. 4 bis 5 Stunden schmoren lassen.

Kartoffelchalet

4 Wassersemmeln
10 große gekochte Kartoffeln
5 EL Mehl, 125 g Herzfett
1 Prise Salz, Ingwer, Muskat
4 Eier, Gänsefett

Die Semmeln werden in lauwarmem Wasser eingeweicht und hinterher gut ausgedrückt. Die Kartoffeln werden fein gerieben und mit den zerpflückten Semmeln und dem Mehl vermengt. Der Herzfett kommt feingehackt dazu, ebenso die Gewürze und die Eier. Die Zutaten werden gut miteinander verarbeitet und dann in den mit reichlich Gänsefett ausgestrichenen Chalettopf gefüllt.
Der Topf gart im vorgeheizten Backofen (Elektroherd 180–200 Grad/Gasherd Stufe 2–3) ca. 21/2 Stunden.

Weckchalet

4 altbackene Wecken (Semmeln)
etwas Weißwein
4 säuerliche Äpfel
1 Handvoll Rosinen, 125 g Zucker
1 Handvoll gehackte Mandeln
1 Prise Zimt, 125 g Herzfett
etwas Zucker und Wein
4 Eier, Gänsefett zum Ausstreichen

Die Wecken werden in dünne Scheiben geschnitten, mit etwas Wein befeuchtet und mit den geschälten, feingeschnittenen Äpfeln, den gewaschenen Rosinen, dem Zukker, den Mandeln, dem Zimt sowie dem feingehackten Herzfett vermischt. Der Topf wird gut mit Gänsefett ausgestrichen, die oben beschriebene Füllung hineingestrichen und mit den Eiern, die mit etwas Zucker und Wein verquirlt wurden, übergossen. Der Topf bäckt ca. 1 Stunde im Backofen bei mäßiger Hitze.

Ein Fisch-Kuggel

3 EL Butter, 3 Zwiebeln
750 g Kartoffeln, Salz, Pfeffer
750 g eingeweichter Stockfisch, entgrätet und in Stücke zerpflückt
2 Eier, 1/4 l süße Sahne

In einer mittelgroßen Kasserolle werden die in Scheiben geschnittenen Zwiebeln in der ausgelassenen Butter goldgelb angebraten. Darauf schichtet man die gesalzenen und gepfefferten Kartoffeln, darüber die Fischstücke. Eier mit der Sahne verquirlen, salzen und pfeffern, über den Eintopf gießen und bei mittlerer Hitze ca. 1 Stunde, zugedeckt, im Backofen garen.

Iran

Persischer Hammelpilaw

- 600 g Hammelschulter ohne Knochen
- 2 Zwiebeln, 2 Knoblauchzehen
- 3 EL Speiseöl, 1 l Fleischbrühe
- 250 g Reis (roh)
- 1 kleine Dose Tomatenmark
- Pfeffer, Salz, 1 TL Safran
- je 1 EL Rosinen und Mandelstifte

Die gewürfelte Hammelschulter samt den kleingehackten Zwiebeln und Knoblauch im Öl anbräunen und mit der angegossenen Brühe ca. 1 1/2 Stunden garen. Dann den Reis, das Tomatenmark, alle Gewürze und die gewaschenen Rosinen zufügen und weitere 20 Minuten bei schwacher Hitze ziehen lassen. Die Mandelstifte ohne Fett in einer Pfanne anrösten und über das fertige Pilaw streuen.

Hier handelt es sich um eine Variante des beliebten persischen ›polo‹, der auch unter dem türkischen Namen ›pilaw‹ bekannt ist. Zwar werden Sie kaum den landläufig besten Reis von den feuchten Gestaden des Kaspischen Meeres bekommen, aber sie sollten zumindest versuchen, einen absolut erstklassigen Reis zu verwenden. Nicht weniger berühmt ist der ›schirpin-polo‹, gekocht mit Safran, Mandeln und Zucker – und, statt Hammel, mit einem Hühnchen, ›zart wie ein Gedicht‹.

Pakistan

Pakistanischer Frühlingstopf

- 500 g Reis, 1 große Zwiebel
- 50 g Butter
- je 30 g grüner Ingwer und Koriandersamen
- 2 Knoblauchzehen
- Salz, 2 Becher Joghurt
- 4 Stubenküken
- 5 Nelken und Kardamom
- 1 Stückchen Zimt (1 cm), 1/2 l Wasser
- 1 Messerspitze Safranpulver
- einige Spritzer Rosenwasser

Den Reis waschen und 1/2 Stunde im Wasser stehen lassen. Die Zwiebel in dünne Scheiben schneiden, in einem Topf die Butter zerlassen und die Zwiebeln darin schmoren. Ingwer, Koriander und Knoblauch in einem Mörser zerstoßen und mit dem Salz und Joghurt zugeben, 10 Minuten dämpfen lassen und die unzerteilten Stubenküken hineingeben. Nelken, Kardamom, Zimt und Reis zufügen, mit 1/2 Liter Wasser auffüllen und den in heißem Wasser aufgelösten Safran unterziehen. Den Topf sehr gut verschließen (in Pakistan verschließt man den Deckel mit Mehlteig) und bei guter Hitze ungefähr 30 Minuten im Backofen garen lassen.
Vor dem Servieren mit einigen Spritzern Rosenwasser beträufeln.

Pakistanischer Frühlingstopf ▷

Indien

Gemüsetopf »Kalkutta«

2 Zwiebeln, 50 g Butter
2 grüne Pfefferschoten, 2 Zwiebeln
1 kleines Stück eingelegter Ingwer
1 Messerspitze Korianderpulver
5 Pfefferminzblätter
je 1 Messerspitze Kardamom und Zimt
4 Nelken, 1 TL Turmerikpulver
1 Prise Chilipulver, 2 EL Mohnsamen
150 g Möhren, 150 g frische Erbsen
1 kleiner Blumenkohl, 2 Fleischtomaten
2 Zehen Knoblauch, 500 g Kartoffeln
200 g nicht ganz gar gekochter Reis
etwas Milch, 1 Päckchen oder Döschen Safran
Butterflöckchen
10 in Butter geröstete Mandeln
2 EL große Rosinen

Die feingehackten Zwiebeln werden in der heißen Butter goldgelb angebraten. Inzwischen zerkleinern Sie im Fleischwolf (feine Scheibe) oder im Mixer die Pfefferschoten, Zwiebeln und alle Gewürze, einschließlich Mohnsamen. Diese Masse kommt zu den angerösteten Zwiebeln und brät unter Umrühren 5 bis 8 Minuten. Nun das zerkleinerte Gemüse mitsamt den zerdrückten Knoblauchzehen dazugeben und 20 Minuten kochen.
Die Kartoffeln werden in kleine Würfel geschnitten und ebenfalls zugegeben und garen mit den übrigen Gemüsen noch einmal 20 Minuten.
In eine feuerfeste Form schichten Sie abwechselnd nicht ganz gar gekochten Reis, dann Gemüse usw., die oberste Schicht ist Gemüse. Sie rühren den Safran mit der Milch an, übergießen den Eintopf, geben noch einige Butterflöckchen obenauf, dekken den Topf zu und garen ihn im Wasserbad in ca. 30 Minuten im heißen Backofen.
Vor dem Servieren garnieren Sie den Topf mit den Mandeln und den zuvor in etwas heißem Wasser eingeweichten Rosinen.

Hummertopf »Bombay«

3/4 l Milch, 125 g Kokosraspel oder
Kokosmilch (Fertigprodukt) aus der Dose
125 g Butter, 1 Zwiebel, 5 Knoblauchzehen
1/2 TL Kümmel, 1/2 TL Ingwerpulver
Salz, 3 EL Currypulver, 1 Prise Cayennepfeffer
1 EL Tomatenmark, 2 EL Mehl
250 g Hummerfleisch, 1/4 Salatgurke
1/4 l süße Sahne, 1 Eigelb
1 EL Zitronensaft, 1 Prise Zucker
3 EL trockener Sherry

Die Milch wird mit den Kokosraspel aufgekocht und nach 30 Minuten abgesiebt.
In einer Kasserolle zerlassen Sie die Butter und rösten in ihr die in Scheiben geschnittene Zwiebel und die in sehr feine Scheibchen geschnittenen Knoblauchzehen an. Sie rühren die Gewürze einschließlich Tomatenmark dazu, stäuben das Mehl darüber, verrühren kräftig und füllen dann immer noch unter Rühren die Kokosmilch auf. Nun kommen das Hummerfleisch und die in Würfel geschnittene Salatgurke dazu, und das Gericht zieht etwa 10 Minuten auf kleiner Flamme.
Die Sahne verrühren Sie mit dem Eigelb, würzen mit Zitronensaft, dem Zucker und dem Sherry und ziehen sie vorsichtig unter den von der Kochstelle genommenen Hummertopf.

Indischer Lammtopf

500 g Hammelbug
1 Zwiebel, 1 l Wasser
1 Zimtstange, 5 Nelken, 2 TL Salz
2 große Zwiebeln, 2 Knoblauchzehen
1 kleines Stück eingelegter Ingwer
1 Tasse Reis, 2 EL Fett
2 Paprikaschoten, 1 TL Kümmel
3 Kardamomsamen
je 5 schwarze Pfefferkörner und Nelken
1 Becher Joghurt, 1 g Safran

Zum Garnieren:
1 EL Rosinen, 1 gekochtes Ei
ca. 10 geröstete Mandeln

Das Hammelfleisch würfeln, die Zwiebel vierteln und in Wasser, gewürzt mit der Zimtstange, den Nelken und Salz, in einem Topf ca. 1 Stunde kochen lassen, bis das Fleisch gar ist.

Das Fleisch herausnehmen, die Brühe durchsieben und abkühlen lassen.

Die Zwiebeln fein hacken, Knoblauch und Ingwer zu Brei zerstoßen und den Reis einweichen.

Die Zwiebeln im heißen Fett in einer Kasserolle anbräunen, die sehr klein gewürfelten Paprikaschoten, alle Gewürze, die Knoblauch-Ingwer-Paste und den Reis hineingeben und 5 Minuten braten. Jetzt gibt man das Fleisch und den Joghurt dazu und läßt alles 10 Minuten köcheln. Man gießt die Brühe auf und läßt den Reis mit dem Safran bei kleiner Flamme ziehen, bis er gar ist. Vor dem Servieren wird das Gericht mit Rosinen, Eischeiben und gerösteten Mandeln garniert.

China

Nach Ansicht der traditionsgebundenen Chinesen ist die Gastronomie eine der bedeutsamsten Äußerungen der Zivilisation. Im alten China wurde das Kochen als eine der Musik ebenbürtigen Kunst empfunden. Daran könnte man zweifeln, wenn man in eines der bei uns wie Pilze aus dem Boden geschossenen sogenannten Chinarestaurants gerät. Aber es gibt auch andere. Vor allem in London, wo uns ein ehemals in Schanghai tätiger Küchenchef auf die Frage, wieviele Speisen er zuzubereiten verstünde, bescheiden antwortete: ›800 Arten Fisch, 300 Arten Geflügel, ca. 100 Arten Gemüse – und so weiter.‹ Das folgende Rezept ist in der ganzen Welt berühmt geworden:

Chop Suey

500 g Rinderlende
5 getrocknete Morcheln
2 Stangen Staudensellerie
250 g grüne Bohnen, 2 Blätter Chinakohl
3 EL Pflanzenöl, 1 Knoblauchzehe
1/2 EL gehackter Ingwer, 1 Zwiebel
1/4 l Fleischbrühe, 1 EL Stärkemehl
Für die Marinade: 2 EL dunkle Sojasauce
2 EL Reiswein, 1 TL Zucker

Die Rinderlende in talergroße Scheibchen schneiden, dünn ausklopfen und mit einem scharfen Messer kreuz und quer einkerben und ca. 1/2 Stunde in die Marinade legen. Auch die Morcheln müssen 1/2 Stunde in warmem Wasser weichen. Danach werden sie in Streifen geschnitten, ebenso Sellerie, Bohnen und Kohl. Die Bohnen separat andünsten und garen.

In einer großen, hochwandigen Metallpfanne das Öl erhitzen, Knoblauch, Ingwer und alle Gemüse darin erhitzen, nach ca. 5 Minuten herausnehmen, neues Öl hineingeben und das abgetrocknete Fleisch darin kurz garen – das Gemüse wieder zufügen, mit dem Fleisch vermischen, Brühe und aufgelöstes Stärkemehl dazugießen und kurz aufkochen lassen. Eventuell mit Salz abschmecken. Der Reis wird extra serviert.

Chinesischer Schweinefleischtopf süss-sauer

500 g mageres Schweinefleisch aus der Keule
3 EL Sojasauce, 3 EL Weinessig
1 gestrichener TL Zucker
2 TL Salz, 4 EL Sesamöl
1 Stange Lauch
je 1 rote und grüne Paprikaschote
2 Möhren
1 mittelgroße Zucchini, 2 Zwiebeln
1/4 l Fleischbrühe
50 g chinesische Pilze (Mu Err)
1 EL Speisestärke

Schweinefleisch in Scheiben schneiden und in eine Schüssel geben. Sojasauce, Essig, Zucker und Salz mischen, über das Fleisch geben und zugedeckt etwa 2 Stunden ziehen lassen.

Das Öl in einer Kasserolle erhitzen, das abgetropfte Fleisch zugeben und anbraten. Die in Scheiben geschnittene Lauchstange sowie die gewürfelten Paprikaschoten, Zucchini und Zwiebeln zugeben und anrösten. Nun zwei Eßlöffel Beize und die Fleischbrühe angießen und langsam garschmoren lassen. Die vorher eingeweichten Pilze nach 15 Minuten zugeben und weitere 20 Minuten köcheln lassen.

Dann die mit Wasser angerührte Speisestärke unterrühren und kurz ziehen lassen. Eventuell mit der restlichen Beize und Salz nachwürzen.

◁ Chinesischer Schweinefleischtopf

Neuseeland

Eine immer noch britisch beeinflußte Küche in einem kleinen Land voller Überfluß. Auf etwa dreieinhalb Millionen Einwohner kommen grob gerechnet 50 Millionen Stück Vieh, vornehmlich Schafe. Der Durchschnittsneuseeländer bringt es auf gut sieben Mahlzeiten am Tag, um dieser Menge einigermaßen Herr zu werden. Dabei legt er größten Wert auf die Güte des Gebotenen. Vor allem das Hammel- und Lammfleisch ist von außerordentlicher Qualität. Dem sollten Sie bei unserem verhältnismäßig einfachen Rezept Rechnung tragen.

Lammkasserolle

750 g feinster Lammrücken, ausgebeint
Pfeffer, Salz, 1 EL Mehl
3 EL Butterschmalz, 3 Zehen Knoblauch
3 Zwiebeln, 3 Möhren
1/2 Selleriekopf
250 g grüne Bohnen, 500 g Kartoffeln, 1 Apfel
3/4 l Fleischbrühe, 1/4 l Rotwein

Das Fleisch würfeln, würzen, mit Mehl bestäuben und im heißen Fett anbraten. Die Knoblauchzehen fein hacken, alle Gemüse, Kartoffeln und den Apfel putzen, zerkleinern, zum Fleisch geben, ca. 5 Minuten andünsten, mit Brühe und Rotwein auffüllen und das Gericht ca. 1 1/2 Stunden köcheln lassen.

Neuseeländer Kürbistopf

1 kleiner Kürbis, 5 Zwiebeln
Salz, Pfeffer, 1 1/2 l Fleischbrühe
1 EL Zitronensaft, 3 EL Mehl
1/4 l süße Sahne, 1 TL Rosenpaprika
1 Tasse geröstete Weißbrotwürfel

Den Kürbis schälen, entkernen und das Fruchtfleisch in große Würfel schneiden. Die Zwiebeln grob hacken und mit den Kürbiswürfeln und den Gewürzen in der Fleischbrühe aufsetzen. Den Zitronensaft zugeben und 30 Minuten kochen lassen, gelegentlich umrühren.

Nun wird das Gemüse durch ein Sieb wieder zurück in den Topf gestrichen, mit dem angerührten Mehl gebunden und muß dann noch einmal aufkochen. Zuletzt wird die steifgeschlagene Sahne mit dem Paprikapulver untergezogen und obenauf werden die Weißbrotwürfel gestreut.

USA

In keinem Land der Erde ist die Küche so unübersehbar, vielfältig und vom individuellen Geschmack seiner Einwanderer bestimmt wie in Nordamerika. Gewiß beherrschen die gewaltige Konservenindustrie, die unvermeidlichen ›Hamburgers‹, ›hot dogs‹ und diversen Sandwiches die alltäglichen Eßgewohnheiten, aber es gibt auch in diesem verhältnismäßig ›jungen‹ Land traditionelle Gerichte, die schon lange vor dem inzwischen gewohnten Sonntagsturkey oder »-puter« vor allem in den ländlichen Gegenden auf den Tisch kamen. Hier sind zwei der berühmtesten, von der Süd- und der Ostküste der USA:

Kreolischer Pfeffertopf »New Orleans«

- 100 g roher Schinken, 3 Zwiebeln
- 50 g Butter, 500 g Kartoffeln
- 1 1/2 l Fleischbrühe
- 2 rote Pfefferschoten
- 1 1/2 TL Majoran
- je eine Prise Salbei und Basilikum
- Salz, 2 kg Kutteln, gekocht
- eine Handvoll geröstete Brotwürfel

Der Schinken wird in Würfel geschnitten, die Zwiebel fein gehackt und beides brät man in heißer Butter in einer Kasserolle leicht an. Nun kommen die gewürfelten Kartoffeln hinein und darüber gibt man die Fleischbrühe, dahinein die gehackten Pfefferschoten, Majoran, Basilikum, Salbei und Salz und die in Streifen geschnittenen Kutteln. 30 Minuten kochen lassen und vor dem Servieren mit Brotcroutons überstreuen.

»Boston baked beans«

- 500 g weiße Bohnen
- 400 g gepökelter Schweinenacken
- 1/2 Tasse Ahornsirup, 1 EL Senfpulver
- Salz, 1 kleine Prise Nelkenpulver
- Worcestersauce, 3 Zwiebeln
- 50 g Bauchspeck

Die Bohnen, gut mit Wasser bedeckt, über Nacht einweichen, in diesem Wasser 1 Stunde kochen, dann das gewürfelte Fleisch dazugeben und 1/2 Stunde weiterkochen. Nun den Sirup, das Senfpulver, Salz, Nelkenpulver dazugeben, mit Worcestersauce abspritzen und die kleingehackten Zwiebeln unterrühren. Nun kommt das Ganze in eine mit Speckscheiben ausgelegte feuerfeste Form und wird bei 180 Grad (Gasherd Stufe 2) im Rohr zugedeckt 1 Stunde gegart. Danach nochmal 1/2 Stunde ohne Deckel überbacken.

Kanada

Kanadische Tourtiere

500 g Rindfleisch, 500 g Kalbfleisch
500 g Schweinekamm, 1 kg Kartoffeln
2 Zwiebeln, Salz, Peffer
Für den Teig:
2/3 Tasse Fett, 2 Tassen Mehl, 8 EL Wasser

Dieses Gericht wird in einer schweren Eisenkasserolle mit Deckel zubereitet.
Das Fleisch, die Kartoffeln und die Zwiebeln in entsprechende Würfel schneiden, mit Salz und Pfeffer würzen und miteinander vermischen.

Aus dem Fett, dem Mehl und dem Wasser kneten Sie einen Teig und kleiden die Kasserolle damit aus. Ein Stück Teig für den Dekkel behalten Sie zurück. Nun füllen Sie die Fleischmischung in den Topf und füllen mit soviel Wasser auf, daß das Fleisch eben bedeckt ist.
Sie legen den Teigdeckel auf, schneiden eine kleine Öffnung hinein und lassen das Gericht bei 150 Grad im Ofen (Gas-Herd Stufe 1) mehr ziehen als kochen. Damit nichts anbrennt, öfter eine kleine Menge Wasser in die Öffnung füllen.

Mexiko

Chili con carne

600 g Schweineschulter, 2 EL Schweineschmalz
1/2 l Fleischbrühe, 1 Zwiebel
6 geschälte Tomaten, 2 Chilischoten
2 Knoblauchzehen, Salz
1 TL Thymian, 1 TL Rosenpaprika
1 Messerspitze getrocknetes Bohnenkraut
1 TL Chilipulver
je 1 mittlere Dose weiße und rote Bohnen
(zusammen ca. 1 kg)

Das gewürfelte Fleisch im heißen Schmalz in einer Kasserolle scharf anbraten, mit der Brühe aufgießen und bei mittlerer Hitze halbgar dünsten. Zwiebel, Tomaten, Schoten und Knoblauchzehen kleinhacken, in einer Pfanne anrösten und mit allen Gewürzen in die Brühe geben. Wenn das Fleisch weich ist, kommen die Bohnen dazu und man läßt alles noch 5 Minuten ziehen. Im Bedarfsfall mit etwas Speisestärke abbinden.
Dieses berühmte mexikanische Nationalgericht ist nicht jedermanns Sache, denn es treibt Ihnen, richtig zubereitet, das Wasser in die Augen und lechzt nach flüssiger Kühlung. Der ›Übeltäter‹ ist der ›chili‹, eine Abart des pikanten spanischen Pfeffers, aus dem man den Cayennepfeffer gewinnt und mit dem man in Mexiko fast alle Speisen würzt. Man kann der Schärfe ein wenig entgegenwirken, wenn man mit dem Fleisch eine Handvoll gewürfelte Kartoffeln mitkocht. Nur das Schweineschmalz ist im Lande der Azteken obligatorisch.

Schmortopf »Westindisch«, Rezept siehe Seite 73 ▷

Karibik

Rindfleisch-Gemüse-Eintopf

250 g gepökeltes, mageres Rindfleisch
2 große Gemüsebananen (in Feinkostgeschäften erhältlich)
125 g gepökeltes Schweinefleisch oder Räucherspeck
1 kg schieres, mageres Rindfleisch, möglichst ohne Fett
4 große Zwiebeln, 200 g gelbe Erbsen
2 1/2–3 l Rinderbrühe, 2 TL Salz
schwarzer, frisch gemahlener Pfeffer
500 g Kartoffeln, 500 g Süßkartoffeln
250 g Maniokwurzel, 250 g Jamswurzel (beide in Feinkostgeschäften erhältlich)
1 frische grüne Chilischote, mittelgroß
100 g grob gehackte frische Kokosnuß
1/4 l süße Sahne

Das gepökelte Rindfleisch wird in einer eisernen Kasserolle mit Wasser zum Kochen gebracht, abgeschäumt und auf kleiner Flamme etwa 1 Stunde geköchelt. Dann wird das Fleisch herausgenommen und in mundgerechte Würfel geschnitten.

In einem anderen Topf werden inzwischen die ungeschälten Gemüsebananen mit Wasser bedeckt, zum Kochen gebracht und bei starker Hitzezufuhr etwa 30 Minuten gegart. Das Wasser wird abgegossen und die geschälten Bananen in dicke Scheiben geschnitten. Sie werden zur späteren Verwendung beiseite gestellt.

Das gepökelte, in feine Würfel geschnittene Schweinefleisch wird nun in einem großen, möglichst eisernen Topf unter ständigem Wenden sehr knusprig gebraten, bis alles Fett ausgebraten ist. Diese ausgebratenen Fleischwürfel werden nicht mehr verwendet.

Nun kommen das in Würfel geschnittene Pökelrindfleisch und das ebenfalls gewürfelte frische Rindfleisch in das heiße Fett. Die Fleischwürfel werden kräftig unter ständigem Wenden angebraten. Man nimmt sie aus dem Fett und brät nun darin die feingehackten Zwiebeln an. Sie sollten glasig, aber nicht braun werden. Nun kommt das Fleisch wieder in den Topf und die Erbsen werden dazugeschüttet. Mit Brühe aufgießen und mit Salz und schwarzem Pfeffer kräftig würzen. Nach dem Aufkochen kocht der Topf leise etwa 1 Stunde mit geringer Wärmezufuhr.

Nun werden die Kartoffeln, die Süßkartoffeln, die Maniok- und Jamswurzel geschält und in dicke Scheiben geschnitten. Die Gemüsescheiben kommen mitsamt der ganzen Chilischote zum Fleisch und kochen weitere 15 Minuten bei geringer Hitzezufuhr.

Das Kokosnußfleisch wird im Mixer mit etwas Wasser püriert, dann in ein Leinen- oder Mullsäckchen gegeben und die Flüssigkeit herausgedrückt. Der Kokossaft wird mit der süßen Sahne vermischt und unter den Eintopf gerührt. Die Gemüsebananenscheiben kommen nun in den Topf, sie werden vorsichtig untergemischt und man läßt das Gericht noch einmal 10 Minuten ziehen. Sofort und sehr heiß servieren. Nicht vergessen, die Chilischote zu entfernen!

Schmortopf »westindisch«

- 250 g gepökeltes, mageres Rindfleisch
- 3 EL Butter, 2 EL Pflanzenöl
- 1 kg Lammschulter, ohne Knochen, in mundgerechte Würfel geschnitten
- 4 große Zwiebeln, 3 Tomaten
- 1/2 grüne Paprikaschote
- 10 grüne Oliven ohne Stein
- 1 Stück Staudensellerie
- 1 EL feingehackter, eingelegter oder frischer Ingwer
- 2 Knoblauchzehen, 1 kleine Chilischote
- 1 EL gemahlener Kümmel, 2 TL Salz
- frisch gemahlener schwarzer Pfeffer
- 2 EL Zitronensaft, 2 EL Obstessig
- 1/4 l ungesalzene Gemüsebrühe
- 500 g Kartoffeln, 2 Salatgurken
- gehackte Petersilie

Das gepökelte Rindfleisch in reichlich Wasser zum Kochen bringen, abschäumen und bei kleiner Hitzezufuhr etwa 40 bis 50 Minuten köcheln. Das Fleisch aus dem Topf nehmen, abtropfen und klein würfeln.
In einem eisernen Topf die Butter mit dem Öl erhitzen und das Lammfleisch von allen Seiten kräftig darin anbräunen. Die Fleischwürfel aus dem Topf nehmen und beiseite stellen. Etwas Fett abgießen und die feingehackten Zwiebeln, die enthäuteten, entkernten und grob gehackten Tomaten, die feingehackte halbe Paprikaschote, die Oliven, den gehackten Staudensellerie, Ingwer, die feingehackten Knoblauchzehen und Chilischote sowie die Gewürze einschließlich Pfeffer zugeben. Bei mittlerer Hitze kräftig rührend das Gemüse etwa 10 Minuten schmoren, bis es weich, aber nicht braun ist.
Nun kommen die bereits vorgebratenen Fleischwürfel mit in den Topf, samt der Flüssigkeit, die sich beim Stehen angesammelt hat. Der Zitronensaft, Obstessig und Gemüsebrühe werden zugegossen, untergerührt und man läßt das Ganze kurz aufkochen. Dann wird die Hitzezufuhr reduziert und das Gericht schmort zugedeckt leise etwa 1 Stunde.
Ab und zu nachsehen, ob noch genügend Flüssigkeit vorhanden ist, das Gericht sollte eine etwas suppige Konsistenz haben. Eventuell füllt man noch etwas kochendes Wasser nach.
Inzwischen werden die Kartoffeln geschält und in kleine Würfel geschnitten. Die Salatgurken, sofern es sich nicht um sehr zarte, junge handelt, geschält, der Länge nach durchgeschnitten, entkernt und ebenfalls in Würfel geschnitten, möglichst so groß, wie die Kartoffelwürfel. Diese Gemüsewürfel kommen nun in den Topf und der Eintopf schmort auf kleiner Flamme weitere 20 Minuten. Das Gemüse sollte nicht zerfallen!
Abschmecken, eventuell noch nachwürzen und mit gehackter Petersilie bestreut zu Tisch bringen.

Chile, Peru

Im letzten Teil unserer »Eintopf-Weltreise« sind wir in Südamerika angelangt, einem Kontinent, der nicht nur alle Klimazonen und einen enormen Fleisch- und Fischreichtum vorzuweisen hat, sondern auch fast alle ›Geschmäcker‹ der übrigen Welt vereint. Die Gemüse und Früchte Europas, die Gewürze des Orients und Asiens stehen in engster Nachbarschaft zur exotischen Pflanzenwelt jedes einzelnen Landes, was zur Folge hat, daß der Phantasie der großstädtischen und ländlichen Küche keinerlei Grenzen gesetzt ist.

Chilenischer Bauerntopf

1 Huhn von 1 1/2 kg, ca. 2 l Salzwasser
200 g roher Schinken, 200 g Knoblauchwurst
2 EL Öl, 3 Knoblauchzehen
250 g Langkornreis
1 Lorbeerblatt, 1 Nelke
Pfeffer, Rosenpaprika

Das Huhn wie gewohnt in Salzwasser gar kochen, danach enthäuten und entbeinen, in Portionsstücke schneiden, die Haut kleinhacken und mit dem ebenfalls kleingehackten Schinken und der in Scheiben geschnittenen Knoblauchwurst im heißen Öl mit Knoblauchscheibchen braun brutzeln.
Dann den Reis in der Hühnerbrühe ca. 20 Minuten gar kochen (mit Lorbeer und Nelke), alles aus der Pfanne dazugeben und mit Pfeffer und Paprika abschmecken.

Peruanischer Krabbentopf

2 EL Pflanzenöl, 2 Knoblauchzehen
1 Zwiebel, 2 Fleischtomaten
1 l Wasser, 1 frischer Maiskolben
250 g frische Erbsen, 250 g Kartoffeln
100 g Reis (Rohgewicht)
250 g frische Krabben
250 g Seelachsfilet, Zitronensaft
Salz, Pfeffer, 1/4 l süße Sahne
2 EL gehackte Petersilie

In einer Kasserolle lassen Sie das Öl heiß werden und schmoren darin die zerdrückten Knoblauchzehen, die fein gehackte Zwiebel und die enthäuteten, grob geschnittenen Tomaten an. Nun gießen Sie das Wasser zu, schneiden den von Blättern und Haaren befreiten Maiskolben in Scheiben und geben ihn sowie die frischen Erbsen in den Topf. Die Kartoffeln schneiden Sie in kleine Würfel und füllen sie mit dem Reis ein. Das Ganze köchelt nun etwa 15 Minuten, dann fügen Sie die Krabben und die mit etwas Zitronensaft marinierten Seelachsstücke zu. Sie würzen mit Salz und Pfeffer und lassen den Topf noch einmal ca. 15 Minuten leise kochen. Zum Schluß ziehen Sie die Sahne unter und bestreuen mit Petersilie.

Bolivien

Fischtopf à la Titicaca

- 1 1/2 kg kleine Fluß- oder Teichfische (Felchen, Saibling, Aalquappen oder Barsch)
- 1 Lorbeerblatt, 3 Zwiebeln
- 3 Knoblauchzehen
- 500 g Tomaten, 2 EL Pflanzenöl
- 500 g tiefgekühlte Erbsen
- ca. 20 grüne Oliven
- 2 rote Paprikaschoten
- 1 Prise Zimt, Salz, Pfeffer
- Croutons, 1 Bund Petersilie

Alle Fische gut waschen, von Flossen befreien und mit Lorbeerblatt, zwei geviertelten Zwiebeln und zerdrücktem Knoblauch in kaltem Wasser aufsetzen; wenn das Wasser zu sieden beginnt, noch 5 Minuten kochen. Dann die Fische herausnehmen, enthäuten, entgräten und warmstellen.
Die Fischbrühe durchseihen, Zwiebel und enthäutete Tomaten im Öl andünsten, mit der Hälfte des Suds auffüllen, die Erbsen, die in Scheiben geschnittenen Oliven und die zerkleinerten Paprikaschoten dazugeben. Mit Zimt, Salz und Pfeffer abschmekken und 10 Minuten kochen lassen. Den Fisch einlegen, weitere 5 Minuten ziehen lassen und mit Croutons und gehackter Petersilie bestreuen.

Argentinien

Argentinischer Spinattopf

- 500 g Spinat, 3 EL Speiseöl
- 3 Zehen Knoblauch, 4 Fleischtomaten
- frisch gemahlener Pfeffer, 200 g Mehl, 2 Eier
- 1 EL Butter, 1 TL Backpulver
- 1 Prise Salz, etwas Milch
- Fett für die Form

Der Spinat wird verlesen, entstielt und im heißen Öl zusammen mit den zerdrückten Knoblauchzehen angedämpft, bis er zusammenfällt. Die enthäuteten Tomaten werden mit der Gabel etwas zerdrückt und mit dem Pfeffer zum Spinat gegeben. Das Gemüse zieht weitere 10 Minuten, währenddessen machen Sie aus dem Mehl, einem Ei, der Butter und den übrigen Zutaten einen Teig. Sie belegen den eingefetteten Boden einer feuerfesten Form mit einem Teil davon, füllen den Spinat hinein und legen den Rest des Teiges als Deckel darauf. Sie verquirlen das zweite Ei mit etwas Milch und bestreichen damit die Teigplatte. In die Mitte der Platte schneiden Sie ein kleines Loch, damit die Luft entweichen kann. Sie backen dieses pastetenähnliche Gericht in ca. 30 Minuten bei mittlerer Hitze im Backofen (E.-Herd 175 Grad/Gas-Herd Stufe 2) gar.

»Puchero Criollo«

(Gemüse-Fleisch-Topf)

500 g Rinderbrust
1/2 Huhn oder 2 Hühnerkeulen
125 g durchwachsener Speck
1 3/4 l Salzwasser, 250 g Kartoffeln
200 g grüne Bohnen, 1 Zwiebel
1 Lauchstange, 250g Möhren
250 g Blumenkohl, 250 g Weißkohl
250 g Kürbis, 2 frische Maiskolben
250 g grüne Erbsen, 2 Tomaten
Pfeffer, Salz, Paprikapulver

Das Rind- und Hühnerfleisch und den streifig geschnittenen Speck ins kochende Salzwasser geben, wiederholt abschäumen und 1 1/2 Stunden leicht kochen lassen.
Kartoffeln, Bohnen, Zwiebel, Lauchstange, Möhren, Blumen- und Weißkohl und den Kürbis grob hacken, Maiskolben in feine Scheiben schneiden und alles, samt den Erbsen aber ohne den Kürbis in die Brühe geben und eine weitere halbe Stunde kochen lassen. Zum Schluß den Kürbis und die abgezogenen, geviertelten Tomaten und alle Gewürze zufügen und nochmals 10 Minuten ziehen lassen.
Zum Servieren wird das Fleisch in Scheiben geschnitten, das Huhn entbeint daneben gelegt, die Gemüse rundherum drapiert und alles mit der Brühe übergossen.

Brasilien

»Cariocas«, so nennen sich voller Stolz die armen und reichen Einwohner der »schönsten Stadt der Welt«, Rio de Janeiro. Wir haben dort die schwarzen Bohnen in den kleinen Bergkneipen mit dem gleichen Vergnügen gegessen, wie einen »coq au vin« (der jedem französischen Konkurrenz gemacht hätte!) in einem Luxusrestaurant am Strand von Ipanema. Aber das schönste Rezept probierte ich im Hause einer hochbetagten Prager Köchin, die lange in Rio gelebt hatte und mich in ihr Haus in der Nähe von Mombasa, am Indischen Ozean einlud. Serviert wurde an einem milden Hochsommertag im Dezember auf einer großen Terrasse mit Blick auf das (wirklich!) türkisfarbene Meer. Mit Sambamusik war die Illusion vollkommen – trotz des »kleinen Umweges«.

Ein Ochsenschwanztopf »Carioca«

1 großer Ochsenschwanz (ca. 1 kg)
Marinade aus:
halb Wasser, halb Weinessig
1 Lorbeerblatt, 4 Nelken
1 kleingeschnittene Zwiebel
Salz, Pfeffer und 4 EL Blütenhonig
20 g Butter, 2 Zwiebeln
4 Paprikaschoten (rot und grün)
4 große, enthäutete Tomaten
2 Knoblauchzehen, süßes Paprikapulver
1 EL Petersilie, 250 g gegarter Langkornreis

Den Ochsenschwanz lassen Sie am besten von Ihrem Metzger/Fleischer in Stücke schneiden. Diese Stücke legen Sie in die Marinade und lassen das Fleisch darin 24 Stunden ziehen. Dann kochen Sie das Fleisch und die Marinade solange, bis das Fleisch von den Knochen fällt. Sie nehmen das Fleisch heraus und lassen die Knochen weiterkochen. In einer hochwandigen Bratpfanne lassen Sie Butter heiß werden, geben das Fleisch, die kleingehackten Zwiebeln, die in Streifen geschnittenen Paprikaschoten, die Tomaten, die zerdrückten Knoblauchzehen und zwei Tassen kochender Brühe hinein und lassen das Gericht 30 Minuten leise kochen. Sie runden den Geschmack mit Paprika und gehackter Petersilie ab und servieren den Reis extra dazu.

Moqueca de Peixe – Fischeintopf aus Bahia

800 g Seehecht in Scheiben
oder ein anderer Fisch
Zum Marinieren:
2 Zwiebeln, gehackt
2 Knoblauchzehen, gehackt
1/2 grüne Paprikaschote, gehackt
Korianderkraut und Lauchzwiebeln, gehackt
Salz und Zitronen- oder Limettensaft
Gemüse:
3 Zwiebeln, gehackt
3 Tomaten, abgezogen und gewürfelt
Olivenöl zum Anbraten
ca. 1/4 l Kokosmilch (Dose)
Salz und Limettensaft
Falls erhältlich: 2–3 EL Palmöl (Olio Dendê)

Die Fischscheiben waschen und abtrocknen. Für die Marinade alle Zutaten in einem Mörser zermusen und den Fisch mindestens 2 Stunden darin einlegen. Das gehackte Gemüse in Olivenöl anschmoren, Kokosmilch zugießen und die Fischscheiben einlegen, die Marinade zugeben. Den Fisch etwa 10 Minuten sanft garen. Abschmecken mit Salz und Limettensaft und zuletzt das Palmöl darüberträufeln.
Stilecht wird die Moqueca mit »farofa« serviert. Dazu wird Maniokmehl in Palmöl unter ständigem Rühren erhitzt und mit etwas Salz abgeschmeckt. Die Farofa wird zum Fisch gegessen, quasi als Kartoffelersatz.

Über den Autor

Fred Metzler, Rundfunkjournalist und Hobbykoch, hat seine Liebe zu allem, was mit Küche und Keller zusammenhängt bereits in vielen Sendungen den Hörern vermittelt. Der weitgereiste Autor hat Eintopfrezepte aus aller Welt zusammengetragen

und am heimischen Herd ausprobiert. Heute lebt der »Grandseigneur der deutschen Hörfunkmoderatoren« (lt. Rheinischer Merkur) in Stuttgart und ist noch immer fast täglich in Unterhaltungssendungen des SDR zu hören.

Rezepte von A bis Z